Die

deutsche Zettelbankreform im Jahre 1891.

Mit besonderer Berücksichtigung unserer heutigen Bankzustände besprochen

von

S. Jacoby.

München.
Druck und Verlag von R. Oldenbourg.
1887.

Inhalt.

Betrachtungen
über die
deutsche Zettelbankreform im Jahre 1891.

Einleitung.

Bei der umfangreichen modernen Literatur über die Fragen des Bankwesens, welche in dem verflossenen Jahrzehnt auf Grund der Gesetzgebung vom Jahre 1875 einen sichtbaren Aufschwung nahm und deren Nachzügler auch in unser Jahrzehnt hineinreichen, ist es auffallend, daß man es bisher unterließ, diejenigen Punkte unseres Bankgesetzes, welche offene Fragen enthalten, zum Gegenstande einer sorgfältigen Prüfung zu machen, nämlich die Monopolisierung des ganzen Zettelbankwesens in Händen der Reichsbank und die Verstaatlichung dieses Institutes. Man wird uns entgegnen: es war die Beantwortung dieser Fragen wesentlich bedingt von dem Entwickelungsgange, welchen die Zentralbank und unter dem Einflusse der Bestimmungen des Bankgesetzes die bereits bestehenden Banken nehmen würden. Und es ist in der That wahr, daß allein eine mehrjährige sorgfältige Beobachtung des neu sich herausbildenden Geschäftsganges und der Geschäftsverteilung unter den hervorragenden Zettelbanken der neuen Periode einen richtigen Maßstab für die Beurteilung unserer Frage an die Hand geben konnte. Versuchen wir also von diesem Gesichtspunkte aus die erste Frage nach der Monopolisierung des Zettelbankwesens zu lösen.

Der zweite Gegenstand steht mit dem ersten in historischem Zusammenhange, insofern er bekanntlich schon im Jahre 1874 von den beratenden Kammern in Erwägung gezogen wurde, mit dem Erfolge jedoch, daß sowohl die Regierung als auch die Volksvertretung, und zwar diese mit großer Stimmenmehrzahl, von der Gründung einer Reichsbank aus Staatsmitteln absah. Auch in der Wissenschaft fand diese Richtung Zustimmung und ist — soviel uns bekannt — auch in neuerer Zeit nur selten bekämpft worden [1]).

---

§ 1.
Die Reichsbank.

In einer Form, welche mehr der Gesetzgebung veralteter Zeiten angehört, gibt § 12 des Bankgesetzes die Aufgabe der Reichsbank dahin an, den Geldumlauf im gesamten Reichsgebiete zu regeln, die Zahlungsausgleichungen zu erleichtern und für die Nutzbarmachung verfügbaren Kapitals zu sorgen. Man hätte keinen Fehler begangen, wenn man diese nicht jede Unklarheit [2]) ausschließenden Zweckbestimmungen aus dem Gesetze gestrichen hätte. Glaubte man aber wirklich der neuen Bank eine Richtschnur vorschreiben zu müssen, nach welcher sich ihre geschäftliche Thätigkeit bestimmen sollte, so hätte man hierfür zweifellos eine kürzere und klarere Fassung wählen können. Ein Zentralinstitut im modernen Zettelbankwesen dürfte unter Zugrundelegung der deutschen Verhältnisse seine Thätigkeit nach zwei Hauptgesichtspunkten hin zu entfalten haben. Erstens nämlich ist es seine Pflicht, gewissenhaft dafür Sorge zu tragen,

---

1) Eine der neuesten wissenschaftlichen Notizen über diesen Gegenstand entnehmen wir aus Holtzendorffs Rechtslexikon Artikel „Reichsbank" (Wagner): „Die Fortentwickelung der Dinge möchte gleichwohl bei uns zur „reinen" Staatsbank hinführen, d. h. zur vollen gemeinwirtschaftlichen Organisation des Zettelbankwesens."

2) Ist nicht in dem letzten Alinea des hier mitgeteilten Abs. 1 vom § 12 des Bankgesetzes die Vorschrift des Depositengeschäftes ziemlich unzweideutig ausgedrückt? Vgl. dagegen bezüglich der heutigen Praxis S. 7 am Ende.

daß die große internationale Edelmetallströmung nicht störend in unsere Währungsverhältnisse eingreife [1]), zweitens den Interessen des Handels und der Industrie möglichst weitgehend zu dienen. Gerade der letzte Punkt ist von fundamentaler Bedeutung für unsere Betrachtung, und wir müssen deshalb schon an dieser Stelle den Ausführungen von Moritz Ströll [2]) entgegentreten, der es für die Aufgabe einer Zentralbank erklärt, nur in denjenigen Verkehrsgebieten das Diskontogeschäft zu pflegen, wo die lokalen Institutionen zur Deckung des Bedürfnisses nicht ausreichen. Es widerspricht diese Auffassung der unserer Reichsbank selbst durch das Bankgesetz [3]) unverkennbar zugedachten Monopolstellung, zu deren Verwirklichung die Bank doch offenbar auf Überflügelung aller bestehenden Zettelbanken hinzuarbeiten hatte.

Untersuchen wir nun, wie weit die Reichsbank diese Aufgabe erfüllt und somit die Notwendigkeit ihrer Existenz für fernere Zeiten [4]) und womöglich eine Monopolstellung gerechtfertigt hat.

Daß die Reichsbank mit großer Sorgfalt und Beflissenheit darauf bedacht ist, ihren Metallvorrat zu verstärken und einem Goldexporte in größerem Umfange vorzubeugen, ist unbedingt zuzugeben und mit großer Anerkennung zu betonen.

Das Prozent der durch Metall und Reichskassenscheine gedeckten Reichsbanknoten belief sich z. B. am jeweilig letzten Tage des bezeichneten Monats der Jahre 1876 bis 1886 auf:

Im Jahre 1876:

	Deckungs %	Notenumlauf in Millionen Mark
Juni	77	778
August	87	666
November	76	720.

1) Adolf Wagner, Die Zettelbankreform im Deutschen Reiche S. 144 ff.

2) Moritz Ströll, Das Reichsbankgesetz S. 12 u. 13.

3) Vgl. § 19 Abs. 2, § 41 b, § 44 Z. 7, § 44 Abs. 2 u. § 46.

4) Gemäß § 41 Abs. 3 des Bankgesetzes tritt auch dieser Punkt für das Jahr 1891 in Diskussion; vgl. Holtzendorffs Rechtslexikon a. a. O. S. 370.

	Deckungs %	Notenumlauf in Millionen Mark
1877:		
Januar	81	730
Mai	88	679
Dezember	69	716.
1878:		
April	84	625
Juni	84	673
Oktober	76	638.
1879:		
Februar	102	569
Juli	87	684
Dezember	73	793.
1880:		
Januar	84	728
April	80	774
Oktober	77	750.
1881:		
Mai	87	724
August	81	740
Dezember	63	859.
1882:		
Februar	86	683
Juni	72	828
September	64	842.
1883:		
März	82	780
Juli	86	741
Dezember	70	830.

	Deckungs %	Notenumlauf in Millionen Mark
1884:		
Januar	87	718
Mai	94	698
August	87	712.
1885:		
April	80	732
Juli	86	727
Dezember	74	859.
1886:		
Februar	102	705
Juli	93	812
Oktober	77	872.

Leicht begreiflich und sehr zu bedauern ist es, daß sich gerade bei der deutschen Reichsbank weit mehr Silber angesammelt hat als bei den anderen Zettelbanken. Aber diese beklagenswerte Thatsache wurde durch die fehlerhaften Maßnahmen der Regierung heraufbeschworen, welche sehr zur Unzeit die Silberverkäufe einstellte und uns dadurch die bedenkliche Thalerplage auflud; man kann demgemäß hierfür nicht ohne weiteres — wie dies oft geschieht — die Reichsbank selbst verantwortlich machen. Nur in Anbetracht dessen, daß gerade von der Direktion der Reichsbank der Anstoß oder wenigstens die Befürwortung der Einstellung unserer Silberverkäufe ausging, unterliegt die ebenfalls vielfach vertretene gegenteilige Behauptung, nach welcher die Reichsbank von jeder Schuld wegen dieses Mißstandes in unseren Währungsverhältnissen freizusprechen sei, einer Modifikation. Gerade die Leiter dieser Anstalt hatten es im Interesse der gesamten Volkswirtschaft, welches bezüglich der Notendeckung von ihnen allein wahrgenommen werden mußte, als ihre Pflicht zu betrachten, ein Zahlungsmittel zu beseitigen, welchem nur von Rechts wegen die Eigenschaft eines gesetzlichen

Umlaufsmittels beigelegt werden konnte, das aber thatsächlich Scheidemünze war oder zu werden drohte. Und die große Menge der Silberthaler im Deutschen Reiche hätte für vorsichtige Fortsetzung der Silberverkäufe Ausschlag geben müssen, nicht zur offenkundigen Einstellung derselben hinführen dürfen.

Den Bedürfnissen des Verkehrs ist die Reichsbank in einer Weise nachgekommen, die allen modernen Kulturstaaten ein nachahmenswertes Beispiel sein möchte. Wir denken hier natürlich an unser über mehr als 230 Plätze ausgedehntes Filialnetz, welches unübertroffen an Zahl und Geschicklichkeit der Organisation dasteht, wiewohl auch seitens der französischen Bank dieses System eine anerkennenswerte Ausbildung erfahren hat. Besonders ist es England, der gerühmte wirtschaftliche Musterstaat, dessen Zentralbank in dieser Hinsicht merkwürdigerweise noch nichts gethan. Man glaube ja nicht, daß in dem englischen Clearing-House ein jenem ähnliches Institut geschaffen sei. Dasselbe hat eine lediglich lokale und selbst hier nur auf fünfundzwanzig große Bankfirmen der Hauptstadt sich erstreckende Bedeutung[1]), die ihre gegenseitigen Forderungen kompensieren und den verbleibenden Saldo auf ihr Konto bei der englischen Bank vortragen lassen. Es verbleibt das Filialsystem unbestritten ein großer Vorzug der deutschen Organisation, den Seyd wohl eher den Engländern empfehlen dürfte, als den Deutschen Vorwürfe darüber zu machen, daß an vielen Plätzen zum Nachteile ihrer Industrie das Bankgeschäft zu schwach vertreten sei[2]). Selbstredend fühlt unser Handel die Lücke in der sonst so musterhaften englischen Organisation sehr stark. Bei dem Export nach englischen Provinzplätzen, der sich von uns aus in manchen Artikeln sehr rege gestaltet, hat man stets auf einen Verlust von 1/4 % Wechsel-Inkasso wo nicht mehr zu rechnen, zumal hier fast in allen Fällen auch im Inland die Vermittlung

1) Näheres hierüber ist zu finden in Ernst Seyds klarer Darstellung „Das London Bank-Check und Clearing-System“, übers. von Otto Sjöström, S. 24 ff.

2) Ernst Seyd a. a. O. S. 43.

eines Bankiers in Anspruch genommen werden muß. Jedenfalls ist es sehr erfreulich, daß sich unserer Reichsbank diese treffliche Einrichtung auch vorzüglich bezahlt gemacht hat. Durch die kostenfreien Auszahlungen nach allen bedeutenden Handelsplätzen des Reiches und manchen untergeordneten ist die Zahl ihrer Girokunden gestiegen und durch das ständige, zu einem großen Teile obligatorische[1]) Guthaben derselben der Reichsbank eine erhebliche Reserve erwachsen. Infolge eben jener Giroeinlagen, meint Wagner[2]), habe die Reichsbank die vom Gesetze vorgeschriebene indirekte Kontingentierung „ziemlich illusorisch“ gemacht, was sich jedoch auch in dieser vorsichtigen Fassung nicht ohne eine weitere Modifikation aufrecht erhalten läßt. Denn es liegt sehr nahe, daß gerade von den Gläubigern dieser unverzinslichen Gelder in kritischen Momenten und bei starkem Geldbedarf das ihnen zustehende Recht der jederzeitigen Rückforderung geltend gemacht werde; sodann bieten eben jene Giroguthaben wohl die nächste Möglichkeit, der Bank große Metallvorräte für das Ausland zu entziehen, so daß gerade von dieser Seite der Anstoß zu einer sehr bedenklichen Reaktion auf die Reserve ausgehen könnte. Die Annahme verzinslicher Depositen hat die Reichsbank gerade auf Grund jener Einschüsse als kostspielig und entbehrlich erkannt. Wir glauben, daß dieses Vorgehen, welches man den andern modernen Zentralinstituten nachgebildet hat[3]), durchaus am Platze ist[4]). Wenn

1) Bekanntlich hat die Reichsbank vielleicht über das rechte Maß hinaus gerade auf möglichste Höhe dieser Guthaben in letzter Zeit hingewirkt und dadurch wohl mehrfach eine Verringerung ihrer Umsätze im Giroverkehr herbeigeführt. Namentlich wurde auch durch jene Maßregel das Eingreifen der Konkurrenz in diesem von ihr bis dahin allein betriebenen Geschäftszweige ermöglicht, so in Bayern der Giroverkehr der Notenbank.

2) Vgl. Holtzendorffs Rechtslexikon a. a. O. S. 371.

3) Die Zettelbanken Frankreichs und Österreichs, sowie die englische Bank vergüten keinen Depositalzins.

4) Übrigens dürfte diese Gepflogenheit nicht ausnahmelos sein; vielmehr vergütet die Bank wohl dem Reiche einen minimalen Zins, desgleichen auswärtigen Kontokorrentverbindungen u. s. f.

aber Bamberger[1]) einen besonderen Rechtfertigungsgrund für diese Maßregel in dem historisch beglaubigten Sturmlauf der Depositalgläubiger findet, welche ihre „verzinslichen“ Einlagen von der Bank zurückfordern, so bliebe dem gegenüber doch immer noch zu erwägen, ob bei einer bevorstehenden Bankkatastrophe der Andrang der Girogläubiger (die für ihre Einlagen nicht einmal einen Zins genießen) nicht noch ungestümer ausfallen dürfte. Es läßt sich übrigens nicht verkennen, daß auch in dem Giroverkehr der Reichsbank noch manche Verbesserungen und Erweiterungen erwünscht sind, die wir aber in einem anderen Zusammenhange betrachten wollen[2]).

Wir geben zum Schlusse auch hier einen kurzen historischen Überblick, um die allmähliche Entwickelung des Giroverkehrs unserer Reichsbank anschaulich zu machen.

Täglich fällige Verbindlichkeiten (Ende der genannten Monate):

1876:	in Millionen Mark	1877:	in Millionen Mark
Juni	169	Januar	150
Oktober	163	Juli	165
Dezember	141.	November	162.
1878:		**1879:**	
Februar	193	März	214
Mai	196	August	191
September	119.	Dezember	186.
1880:			
Januar	221	Juli	188
April	175	Oktober	154.

1) Vgl. Bamberger, Die Zettelbankreform vor dem Reichstage S. 84.
2) Vgl. hierüber § 9.

1881:

	in Millionen Mark		in Millionen Mark
Januar	200	November	157
Mai	215	Dezember	167.

1882:		1883:	
Januar	209	Februar	221
April	169	August	194
Juni	182.	Dezember	211.

1884:		1885:	
Januar	236	Januar	232
Februar	234	Februar	244
März	195	März	189
April	206	April	232
Mai	247	Mai	255
Juni	230	Juni	233
Juli	219	Juli	233
August	230	August	253
September	186	September	206
Oktober	212	Oktober	221
November	261	November	256
Dezember	267.	Dezember	262.

1886:

Januar	306	Juli	269
Februar	335	August	296
März	244	September	251
April	253	Oktober	273
Mai	277	November	267
Juni	274	Dezember	291.

Es erübrigt uns endlich noch die Stellung der deutschen Reichsbank auf dem Geldmarkte ins Auge zu fassen. In dieser Hinsicht kann man gegenwärtig von einer Monopolstellung mit Ausnahme natürlich der älteren preußischen Gebiete keineswegs sprechen. Aber keinem, der unsern Geldmarkt aufmerksam betrachtet, wird es entgehen, daß unsere Reichsbank gerade zu Zeiten der ungewöhnlich gesteigerten Nachfrage den Platz eines vorsichtigen und weisen Regulators ausfüllt und stets darauf bedacht ist, hier das richtige Gleichgewicht aufrecht zu erhalten. Dies läßt sich alljährlich im Monat Dezember beobachten, wo die Zettelbanken und auch das Privatkapital zu äußerster Zurückhaltung geneigt sind [1]). Ein gutes Beispiel bot vor gar nicht langer Zeit die durch die afghanische Verwickelung heraufbeschworene Krisis im April 1885, welcher unglücklicherweise schon im Februar desselben Jahres infolge starken Goldexportes nach England eine Diskontoerhöhung des offiziellen Reichsbanksatzes auf 5 % vorausgegangen war. Im April war man bereits auf 4½ % herabgegangen, als der Ausbruch des russisch-englischen Konfliktes die Börse gewaltig beängstigte und sofort Schloß und Riegel vor die Geldkästen selbst bedeutender Zettelbanken und Privatdiskonteure gelegt wurden [2]). Hier hielt die Reichsbank selbst in Zeiten des stärksten Andranges ihren Satz, zu dem sie dermalen auch in Süddeutschland eine billige, nicht selten die einzige Käuferin war, aufrecht und lieferte einen offenkundigen Beweis, daß allerdings eine Zentralbank ein ungemein schätzenswertes Institut ist. Trotzdem gelangen bekanntlich von den Vorräten des süddeutschen Diskontomaterials nur sehr geringe Beträge in die Hand der Bank, so ernstlich die Direktion bemüht sein mag, mit den Konkurrenzbanken in einen Wettkampf

---

1) Vgl. hierzu das oben mitgeteilte Deckungsprozent der Reichsbank im Monat Dezember.

2) Selbst feinstes Bankpapier war damals auch nicht in Süddeutschland unter dem offiziellen Satze zu begeben.

zu treten. Weshalb der Erfolg nur gering war und wie man denselben umfangreicher gestalten könnte, soll später erörtert werden [1]).

---

§ 2.

Die Bayerische Notenbank.

Das der Reichsbank am nächsten stehende Institut unter allen Zettelbanken Deutschlands, sowohl hinsichtlich des Umfanges seines steuerfreien Notenmaterials [2]) als der zweckgemäßen Organisation, ist bekanntlich die einzige Zettelbank des Königreichs Bayern, deren Entstehen chronologisch mit dem der Reichsbank zusammenfällt.

1) Die weiteren Ausführungen über diesen Punkt sind weiter unten im § 8 zu finden. Überhaupt verweisen wir auf die §§ 8 und 9 zur Ergänzung dieser kurzen Übersicht betreffs des Geschäftsbetriebes der Reichsbank.

2) Dasselbe beträgt 32 Millionen Mark.

Gesetzlich steuerfreie Beträge des ungedeckten Notenumlaufs der einzelnen Notenbanken am Schlusse des Jahres 1885.

	in 1000 Mark
Reichsbank	273875
Städtische Bank zu Breslau	1283
Kölnische Privatbank	1251
Magdeburger Privatbank	1173
Danziger Privat-Aktienbank	1272
Provinzial-Aktienbank des Großherzogtums Posen	1206
Hannoversche Bank	6000
Frankfurter Bank	10000
Bayerische Notenbank	32000
Sächsische Bank zu Dresden	16771
Leipziger Kassenverein	1440
Chemnitzer Stadtbank	441
Württembergische Notenbank	10000
Badische Bank	10000
Bank für Süddeutschland	10000
Braunschweigische Bank	2829
Kommerzbank in Lübeck	959
Bremer Bank	4500

Beide Banken hatten ihre Vorgängerinnen, die Reichsbank aber entschieden einen weit besser gebahnten Weg vorgefunden. Daneben ist bemerkenswert, daß für Bayern gemäß § 47 Abs. 3 des Bankgesetzes die höchste Summe des Notenumlaufs mit 70 Millionen Mark festgesetzt wurde, während unter allen übrigen Zettelbanken[1]) keiner neben der Kontingentierung durch die 5prozentige Steuer eine weitere Schranke gezogen wurde. Trotz der ziemlich weit gestreckten Grenze könnte diese Bestimmung leicht zu einer ganz unberechtigten Beschränkung der auf Grund von Barvorräten zirkulierenden Notenmenge[2]) werden. Den durchaus nicht zwingenden

1) Bei vielen war dies bereits zuvor durch die Landesregierung geschehen; eine Ausnahme von dieser Beschränkung macht namentlich die Sächsische Bank.

2) Der Notenumlauf der Bayerischen Notenbank bezifferte sich Ende des angegebenen Monats gegenüber einem ebenfalls verzeichneten Baarbestande:

	Notenumlauf in 1000 Mark	Barvorrat in 1000 Mark
	1875:	
November	30198	19828
Dezember	41084	23610.
	1876:	
Januar	44369	27158
Mai	58446	32309
Dezember	67087	37869.
	1877:	
Januar	66756	36735
Juli	66654	38077
Dezember	65940	36274.
	1878:	
Februar	66363	38330
Mai	65068	35802
Dezember	67216	36570.
	1879:	
Januar	65891	33947
März	66077	35787
Juni	67452	36226.

Anlaß zu derselben gab die anomale Entwickelung des bayerischen Zettelbankwesens bis zum Jahre 1875, welches bekanntlich seit 1834

	Notenumlauf in 1000 Mark	Barvorrat in 1000 Mark
1880:		
Februar	64868	35632
Oktober	67577	31135
Dezember	64452	34746.
1881:		
Januar	63634	33424
Mai	65990	33179
November	65823	33467.
1882:		
Januar	66160	33007
Juni	63692	30159
Dezember	65090	30675.
1883:		
Januar	65206	32046
Mai	60420	30532
Oktober	66880	32545.
1884:		
April	63816	32458
September	65967	32697
Dezember	65937	33296.
1885:		
Februar	64115	32958
April	64216	32233
Juni	64876	31479
August	64276	33602
Oktober	64923	33055
Dezember	65288	33079.
1886:		
Januar	62749	32563
März	64748	32694
Mai	63752	33016
Juli	64384	32140
September	67010	31307.

Vorstehende statistische Übersicht berechtigt wohl zu der Annahme, daß das genannte Institut in der That durch jene Maximalgrenze des Gesamt-

in einem Notenmonopol der Bayerischen Hypotheken- und Wechselbank mit einem Höchstbetrage von 12 Millionen Gulden unter Beobachtung der Drittelsdeckung bestund [1]).

Mit ihren nahezu fünfzig Filialen genügt die Bank in der That innerhalb des Königreichs Bayern mit erstaunlicher Geschicklichkeit der ihr gestellten Aufgabe. An Elastizität in der Einrichtung ihrer Zweiganstalten der Reichsbank entschieden überlegen, versieht sie das Inkassogeschäft auch unter noch günstigeren [2]) Bedingungen als jene, was nicht nur Bayern, sondern auch den übrigen Staaten des Deutschen Reiches zu statten kommt.

Zwei große Vorzüge scheint uns die Bayerische Notenbank vor der Reichsbank zu haben. Erstens hat man sich und, wie wir meinen, sehr sachgemäß dazu entschlossen, die Agenturen (Nebenstellen) in die Hände von gut situirten, an Ort und Stelle ansässigen Bankiers zu legen, welche die für Rechnung des Instituts gekauften Wechsel mit ihrem Giro an die übergeordnete Filiale (Stelle) abrichten, so daß vermöge dieser gesunden Anschmiegung an den gewöhnlichen Verkehr der Bayerischen Notenbank ein großes Quantum solider Warenwechsel auch aus mittleren und kleineren Plätzen zuströmt [3]).

umlaufes in seinen Operationen gehemmt wird. Denn es beträgt der Notenumlauf dieser Bank in den letzten Jahren durchschnittlich über 64 Millionen Mark gegenüber einem Metallbestande incl. fremde Noten von ca. 36 Millionen (also bei einer nur angemessenen Höhe des Barvorrats). Besonders nahe der Grenze bewegte sich die Bayerische Bank Ende der siebziger Jahre und Anfang unseres Jahrzehnts.

1) Siehe hierüber Moritz Ströll, Deutsches Reichsbankgesetz S. 46; Adolf Ströll, Das Notenmonopol der Bayerischen Hypotheken- und Wechselbank (Eine Rechtsstudie) S. 4 u. 51.

2) Durch eine im Sommer 1886 eingetretene Ermäßigung des Inkassosatzes der Reichsbank für kleinere Abschnitte dürfte dieser Punkt hinfällig werden.

3) Es versteht sich von selbst, daß auch das Risiko der Bank gerade auf diese Weise bedeutend sinkt, da ihr für alle jene Abschnitte der Bankier haftet, der sich ihr durch sein Giro wechselmäßig obligiert, dafür aber durch eine mäßige Provision vereinbarungsmäßig entschädigt wird. Daneben bleibt ihm dann vielfach auch die Möglichkeit, durch „Hereinnahme" der Wechsel zum offiziellen und „Begebung" zum Privatsatze Gewinn zu ziehen.

Der zweite Vorzug der Notenbank besteht darin, daß sie dem Giroverkehr durch Einführung des Akkreditivsystems eine Erweiterung gegeben, die unseres Wissens durchaus originell und von einer ungemein praktischen Bedeutung ist. Erst hierdurch wird eigentlich die Regelung des Geldumlaufes in der eines großen Instituts würdigen Weise ermöglicht. Während die Reichsbank Zahlungen nur für solche Firmen entgegennimmt, die Kontoinhaber bei ihr sind, überführt die Notenbank Beträge auch an solche, die mit ihr keinen Giroverkehr unterhalten, kostenfrei und natürlich ohne einen größeren Zinsverlust, als die Beförderung durch die Post verursacht, ja mit einem geringeren, um so viel der Briefverkehr den Packettransport an Schnelligkeit übertrifft. Will z. B. jemand in München an N. N. in Kulmbach eine Zahlung leisten, so erhält er von der Bayerischen Notenbank in München ein an die Ordre von N. N. in Kulmbach ausgestelltes Zahlungsmandat auf die Agentur in Kulmbach, das er dem Gläubiger durch die Post übersendet und das von diesem gleich nach Empfang liquid gemacht werden kann. Daß die Notenbank ihrem Publikum soweit entgegenkommt, wird nicht eben reine Humanität oder die treue Beherzigung der im § 12 des Bankgesetzes ausgesprochenen Pflichten eines Zentralinstituts sein, sondern zumeist die Erwägung, daß ihr aus diesen Transaktionen bei starkem und gleichbleibendem Verkehr ein nicht unbeträchtliches zinsfreies Kapital erwächst.

Zur Veranschaulichung dieser Thatsache diene die nachstehende Statistik.

Übersicht der täglichen Verbindlichkeiten der Bayerischen Notenbank am Ende der angegebenen Monate:

1884:

	in 1000 Mark
Januar	7995
Februar	10457
März	9540

1884:

	in 1000 Mark
April	10098
Mai	12411
Juni	10392
Juli	9436
August	10395
September	9219
Oktober	8810
November	9285
Dezember	8169

1885:

Januar	8782
Februar	10931
März	11254
April	9972
Mai	10960
Juni	9819
Juli	11636
August	12783
September	10572
Oktober	10701
November	11166
Dezember	10463

1886:

Januar	10663
Februar	10993
März	9383
April	8544
Mai	9460
Juni	7312

1886:

	in 1000 Mark
Juli	7826
August	8379
September	9046
Oktober	7757.

Im Gegensatze zur Reichsbank und mehr dem Stile der kleineren Zettelbanken folgend gewährt die Notenbank sowohl für Guthaben auf Girokonto als auch für Depositen eine kleine Zinsvergütung. Man nimmt wohl mit Recht an, daß an dem ersprießlichen Erfolge des ganzen Unternehmens diese Gepflogenheit, welche, wie wir sahen, von den großen Zettelbanken in moderner Zeit aufgegeben ist, schwerlich einen Anteil hat. Die gegenwärtige Verzinsung mit nur 1 % wird überdies der Bank nur sehr wenig Material zuführen, und es ist wahrscheinlich, daß man hierin lediglich ein Entgegenkommen den Girokunden gegenüber zu finden hat [1]).

---

§ 3.

Die Sächsische Bank.

Es dürfte geboten sein, neben den genannten Instituten auch die Zettelbank des Königreichs Sachsen eingehender zu betrachten, wenigstens soweit es für unseren Zweck erforderlich scheint. Diese Bank spielt als Stütze der Industrie ihres Wirkungskreises eine sehr bedeutende Rolle, was sich zur Genüge aus dem durch die Wochenausweise gekennzeichneten Geschäftsumfange ergibt. Wir glauben nicht fehlzugehen, wenn wir das von ihr bewältigte Diskontomaterial [2]) höher veranschlagen als das der Bayerischen Noten-

1) Vgl. über die Lage des Depositengeschäftes in Bayern S. 26 unten u. 27.

2) Wechsel-Portefeuille der Deutschen Zettelbanken nach dem mittleren Stande des Jahres:

	1879: in 1000 Mark	1880: in 1000 Mark
Reichsbank	337873	357220
Hannoversche Bank	11742	12549
Frankfurter Bank	24071	18074

bank[1]). Hieraus darf geschlossen werden, daß der dem sächsischen Institute bewilligte steuerfreie Notenbetrag zu klein sei, eine Be-

	1879: in 1000 Mark	1880: in 1000 Mark
Bayerische Bank	35513	36604
Sächsische „	39956	44771
Württembergische „	18370	18472
Badische „	14979	16649
Bank für Süddeutschland	16600	18556
Bremer Bank	32717.	30426.

	1881:	1882:
Reichsbank	360492	386707
Hannoversche Bank	12417	14750
Frankfurter „	18260	19780
Bayerische „	37362	37373
Sächsische „	47536	49669
Württembergische „	18549	18323
Badische „	18017	18180
Bank für Süddeutschland	19328	20535
Bremer Bank	27042.	28034.

	1883:	1884:
Reichsbank	381462	394112
Hannoversche Bank	17013	17614
Frankfurter „	21127	24628
Bayerische „	39461	44191
Sächsische „	50450	51212
Württembergische „	19044	19601
Badische „	17778	17353
Bank für Süddeutschland	20836	20496
Bremer Bank	29736.	30199.

1885:

	in 1000 Mark		in 1000 Mark
Reichsbank	388780	Sächsische Bank	53915
Hannoversche Bank	16615	Württembergische „	19343
Frankfurter „	24630	Bremer „	32071
Bayerische „	45274	Badische „	17331.

Es ist jedoch zu beachten, daß in den ausgeworfenen Beträgen auch bloß zum Inkasso gegebene Rimessen figurieren.

1) Es wird dieser Umstand nicht selten dahin begründet, daß die der Bayerischen Notenbank gesetzte Maximalgrenze von 70 Millionen Mark einer entsprechenden Geschäftsausdehnung derselben hinderlich sei.

hauptung, gegen welche die sehr willkürliche Verteilung der steuerfreien Notenbeträge, wie sie das Bankgesetz traf, schwerlich zu rechtfertigen sein wird [1]).

Dieses Mißverhältnis steigerte sich namentlich durch den freiwilligen Verzicht der übrigen sächsischen Zettelbanken, besonders der Leipziger Bank mit fast 6 Millionen Mark steuerfreier Noten und springt am deutlichsten in die Augen, wenn man folgende zwei Punkte in Erwägung zieht:

1. Schon das Aktienkapital der Sächsischen Bank beläuft sich auf die vierfache Höhe des freilich nur zur Hälfte eingezahlten Kapitals der Bayerischen Notenbank, wozu eine gleich erhebliche Differenz des Reservefonds tritt.
2. Gleichwohl figuriert noch in dem Ausweise der ersteren auf der Passivseite eine verzinsliche Depositalsumme von nahezu 1/3 ihres Grundkapitals.

Denn es wiesen nach nebenstehendem Verzeichnis im Jahre 1885 auf:

	ein Aktienkapital von in 1000 Mark	einen Reservefonds von in 1000 Mark
die Reichsbank	120000	21138
„ Hannoversche Bank	12000	1198
„ Frankfurter „	17143	3908
„ Bayerische „	7500	992
„ Sächsische „	30000	3944
„ Württembergische „	9000	539
„ Badische „	9000	1518
„ Bank für Süddeutschland	15672	1736
„ Bremer Bank	16607	855.

Die Verbindlichkeiten mit Kündigungsfrist betrugen nach dem mittleren Stande desselben Jahres:

	in 1000 Mark
Reichsbank	—
Hannoversche Bank	1048
Frankfurter „	2945

1) Vgl. die Zusammenstellung S. 11.

	in 1000 Mark
Bayerische Bank	35
Sächsische "	7853 [1])
Württembergische "	68
Badische "	1
Bank für Süddeutschland	—
Bremer Bank	15242.

Während ferner das von der Bayerischen Notenbank betriebene Depositalgeschäft, wie wir im Vorangehenden zeigten, mehr dem Vorteile des Publikums dient als den Bedürfnissen der Bank, verhält es sich wohl mit den Depositen der Sächsischen Bank gerade umgekehrt. Bei ihr ist nicht der Gedanke an eine spätere Existenz, d. h. die Sorge um die nötigen Geldmittel nach Aufhebung der Konzession für diese Maßregel ausschlaggebend — man hört diese Meinung nicht selten in den höheren kommerziellen Kreisen — kaum auch das Bestreben der Nutzbarmachung fremder Kapitalien [2]), sondern eine bittere Notwendigkeit, sofern sie der kostspieligen Notensteuer entgehen will. Auf diese Weise erklärt es sich denn auch leicht, daß die Depositenrückzahlung bei der Sächsischen Bank an eine Kündigungsfrist gebunden ist.

Wenn wir eingangs andeuteten, daß die Sächsische Bank den dritten Platz unter den Zettelbanken Deutschlands einnehme, so war damit nicht behauptet, daß man sie den beiden früher erwähnten Instituten ohne Bedenken an die Seite stellen könnte. Im Gegenteil ist hier schon ein schwer wiegender Kontrast zu vermerken. Bei der Sächsischen Bank fehlt bereits der Giroverkehr und die großen Annehmlichkeiten, die aus ihm für das Publikum durch Ersparung an Zeit, Mühe und Kosten erwachsen. Dem gegenüber hat die Bank neben ihren sieben Filialen (mit Aus-

1) Im Jahre 1883 bezifferte sich der entsprechende Posten in 1000 Mark auf 8598; 1884 auf 6930.

2) Vgl. Deutsches Bankgesetz § 12.

nahme einer auch sämtlich Reichsbankplätze) innerhalb des Königreichs noch nahezu 60 Pariplätze (darunter 6 Reichsbankplätze), auf welche sie Wechsel ohne Spesenberechnung diskontiert.

---

§ 4.

Die sonstigen bedeutenden Zettelbanken.

Von den übrigen Zettelbanken des Deutschen Reiches, deren Berücksichtigung hier noch am Platze wäre, ließen sich die Frankfurter, Württembergische, Badische und Darmstädter nennen. Wiewohl wir überzeugt sind, daß diese Institute in den heimischen Gebieten eine sehr befriedigende Thätigkeit entfalten, dürfte doch auf der anderen Seite die Notwendigkeit einer Fortexistenz derselben als Zettelbanken kaum nachzuweisen sein. Die sämtlichen genannten Banken zeigen durch die Art ihres Geschäftsbetriebes, daß sie zu entbehren sind. Jeder, dem die Bankpraxis geläufig ist, wird uns hier verstehen. Wir wollen uns aber auch für diejenigen, welchen diese Geheimnisse fremd sind, klar ausdrücken. Den vier genannten Banken widerfährt bereits das für eine kleine Zettelbank ebenso unangenehme als unvermeidliche Schicksal des starken Notenrückflusses, weshalb sie sich genötigt sehen, ihren Zetteln durch Kunstgriffe ein erweitertes Zirkulationsgebiet zu verschaffen. Dazu müssen Bankiers der benachbarten Staatsgebiete, die sich des besten Kredites erfreuen, herhalten.

Man gewährt ihnen zunächst einen sehr niedrig verzinslichen Lombardvorschuß und vereinbart als Ersatz die regelmäßige Lieferung von Diskontoposten (wo es angeht, wöchentlich einige 100000 Mark). Diese werden zu dem mäßigsten Zinsfuße berechnet und als Rembours die eigenen Noten übermittelt, welche der Bankier möglichst „detailliert“ und vor allem in der Art auszugeben hat, daß sie nicht in die Hand der Reichsbank oder einer andern Zettelbank gelangen; denn das hieße sie ja gemäß §§ 19 und 44 Ziff. 5 des Bankgesetzes an ihren Ausgangspunkt dirigieren.

Natürlich wählt man für solche Transaktionen Städte unter 80000 Einwohnern, weil in größeren die ansässigen Banken für den Rückfluß Sorge zu tragen gehalten sind [1]).

Wir glauben, daß diese Übelstände — denn auch dazu können solche Zustände ausarten — sich namentlich in Bayern stark fühlbar machen, weil das Publikum hier in der Annahme von Banknoten sehr tolerant und an eine einheitliche Note schon durch das gleichmäßige Zirkulieren bayerischer und Reichsnoten nicht gewöhnt ist. Die Erfahrung bestätigt denn auch, daß gerade im Gegensatze zu preußischen Landesteilen in bayerischen Bankkassen gar häufig ein Konglomerat fremder Noten anzutreffen ist [2]).

Allerdings ist dieser Zustand nicht eo ipso beklagenswert, aber er wird es, wenn man bedenkt, daß der Vorteil dieser in der That gewerbsmäßig betriebenen Notentransporte auf Kosten heimischer Zettelbanken und großer diskontierender Bankanstalten in die Tasche des Bankiers fließt, zum Danke dafür, daß er die Zirkulation fremder Noten in einer durch die Verkehrsverhältnisse nicht notwendig gemachten Menge herbeiführt. Es geht soweit, daß man an demjenigen Orte, wo die Bank ihren Sitz hat, Posten kauft und sie dann der Bank selbst gegen ihre Noten noch mit Vorteil verkaufen kann.

Wir haben diese eigentlich mehr der Banktechnik angehörigen Verhältnisse einer Erwähnung an dieser Stelle gewürdigt, weil sie von einer wesentlichen Bedeutung für die Lösung unserer Fundamentalfrage zu sein scheinen [3]).

---

1) Vgl. namentlich die Bestimmungen des Bankgesetzes in den §§ 19 und 44 Ziff. 5 das.

2) So zirkulieren z. B. in Bamberg (Oberfranken) neben Bayerischen und Reichsnoten in großen Beträgen Frankfurter, Darmstädter und Badische, weniger Württembergische, und eine große Anzahl Sächsische Noten.

3) Vgl. unten § 6.

§ 5.

Die Monopolisierung im allgemeinen.

Wir halten es nunmehr für überflüssig, die noch übrigen kleinen Banken näher ins Auge zu fassen und wenden uns unserer Hauptfrage zu. Jedermann wird überzeugt sein, daß es schon für den gewöhnlichen Verkehr eine überaus schätzenswerte Annehmlichkeit ist, eine einheitliche Note zu haben und sicherlich durchaus würdig unseres doch immer mehr nach Einheit strebenden deutschen Staatsverbandes. Man denke nur an die praktisch gewiß nicht seltenen Fälle, daß ein Süddeutscher, der an einer norddeutschen Eisenbahnkasse sein Reisebillet mit einer Frankfurter Note zahlen will, ein trockenes quod non vernehmen muß und in die Verlegenheit kommt, seine Reise bis zum nächsten Tage aufschieben zu müssen. Neben der Vermeidung solcher Mißstände ist aber besonders der große Vorteil für den internationalen Verkehr in Erwägung zu ziehen, insofern das Ausland zu einem einheitlichen fiktiven Wertzeichen weit leichter Vertrauen faßt als zu einem nur vorwiegend einheitlichen, das außerhalb der Landesgrenze neben andern weniger bekannten und fundierten Noten zirkuliert. „Die finanziell gut gesitteten [1]) und erleuchteten großen Kulturstaaten Europas haben sich überall mit einer Energie zum Grundsatze der Bankeinheit bekehrt, die allein genügen könnte, unsere Überzeugung dafür zu gewinnen [2])." Daß aber ein Monopolinstitut die im Eingange (§ 1) bezeichneten Aufgaben einer Zentralbank viel leichter, vollständiger, umsichtiger und energischer als jene verwirklichen könne, zeigt die erfolgreiche Thätigkeit der französischen Bank während und nach den Kriegsjahren 1870 und 1871. Mit Recht betont schon Wagner [3]), daß wir die Notwendigkeit einer mächtigen Zettelbank als eine Konzession den reinen Naturein=

---

1) Soll heißen: Die in der Bankpolitik erfahrenen.

2) Bamberger, Die Zettelbankreform vor dem Reichstage S. 93.

3) Vgl. Zettelbankreform im Deutschen Reiche S. 14.

flüssen gegenüber anzusehen haben, worunter er unsere zentrale Lage in Europa zwischen mächtigen fremden Völkern verstanden haben will und wobei er in der Macht der Bank eine Stütze sucht gegen etwelche gefährliche Kreditkrisen politischen Ursprungs. Man könnte leicht auf den Einwand kommen, daß doch mehrere Institute den Anforderungen des Geldmarktes besser und leichter genügen könnten als ein einziges, auch wenn es über eine große Zahl von Zweigniederlassungen gebietet. Und in der That läßt sich nicht leugnen, daß namentlich gegenüber den lokalen Bedürfnissen kleinere Zettelbanken eine sehr schätzenswerte Thätigkeit entfalten, eine Thätigkeit, die nicht selten vornehmlich in Friedenszeiten und bei geordneten Geldverhältnissen selbst entfernteren Gebieten eine äußerst willkommene Stütze gewährt. Doch meinen wir, daß diese Institute zumeist als Depositalbanken auch ohne das Recht der Notenkonzession sehr segensreich wirken können [1]), ja sogar vielfach infolge der aus der Notenkonzession entstehenden anderweitigen Beschränkungen (§§ 7, 13, 44 des Bankges.) sich außer Stande sehen, dem Publikum alle erwünschten Vorteile zu bieten [2]). Es dürfte daher wohl nicht richtig sein, zu behaupten, wir seien berechtigt, einer „Privatbank" auch nur die Fortexistenz als Zettelbank zuzugestehen, wenn wir sie als „unentbehrliche Institution" [3]) betrachten müssen. Bevor wir uns dazu entscheiden, bedarf es doch jedenfalls der Feststellung, ob eine solche Bank nicht

1) So z. B. kann man behaupten, daß die Frankfurter Bank, unstreitig das angesehenste und in kaufmännischen Kreisen beliebteste Institut unter den kleineren Zettelbanken, thatsächlich schon jetzt die Stellung einer Depositenbank einnimmt, da sie ungedeckte Noten in nennenswertem Betrage eigentlich niemals im Umlaufe hat, wenn auch ihr Effektenbestand in Betracht gezogen wird, der allerdings als Notendeckung gesetzlich nicht anerkannt ist, aber doch zur Genüge beweist, daß ihr die zu ihrem Geschäftsbetriebe nötigen Mittel auch ohne eine Notenkonzession nicht fehlen würden.

2) Vgl. S. 28.

3) Vgl. Moritz Ströll, Direktor der Bayerischen Notenbank, in Schmollers Jahrbuch für Gesetzgebung, Verwaltung und Volkswirtschaft. (Separatabdruck S. 79.)

auch ohne Zettel und durch fleißige Pflege des Depositengeschäftes den an sie gestellten Forderungen zu entsprechen vermöge. Gerade dieser Gesichtspunkt ist in der unten citierten Arbeit nicht beachtet. Und wenn sodann ebendort [1]) bemerkt wird, daß die Bayerische Notenbank vornehmlich das Depositengeschäft pflege, indem sie über ein Depositenkapital von nahezu 13 Millionen Mark verfüge, so scheint uns dies ebenfalls nicht zutreffend und auf einer Verwechslung zu beruhen, da gerade die Bayerische Notenbank von jeher dem Depositenwesen nur eine geringe Aufmerksamkeit zuwenden konnte. Hierfür spricht die unten stehende Statistik [2]), sowie der Umstand, daß die gegenteilige Auffassung Ströll's zu dem Resultate führt, die Reichsbank sei die erste Depositenbank in Deutschland [3]). Mit einer solchen Schlußfolgerung würde sich aber

1) Das. S. 80.

2) Die Verbindlichkeiten der Bayerischen Notenbank, welche an eine Kündigungsfrist gebunden waren, beliefen sich auf:

	1884: in 1000 Mark	1885: in 1000 Mark
Januar	32	24
Februar	30	22
März	29	28
April	30	38
Mai	31	38
Juni	29	39
Juli	29	40
August	25	40
September	25	39
Oktober	24	38
November	25	38
Dezember	24.	61.

1886:

	in 1000 Mark		in 1000 Mark
Januar	102	Mai	130
Februar	123	Juni	148
März	96	Juli	168
April	55	August	192.

3) Der den 13 Millionen entsprechende Posten bezifferte sich in den Ausweisen der Reichsbank, die bekanntlich das Depositengeschäft gar nicht betreibt, durchschnittlich im Jahre 1885 auf 235 Millionen Mark.

nicht die im nämlichen Zusammenhang von demselben Autor gemachte Äußerung vereinbaren lassen, daß im Depositengeschäfte die Konkurrenz der Zentralbank gänzlich außer Betracht falle. Thatsächlich nimmt unter allen deutschen Zettelbanken, von denen dieser Geschäftszweig betrieben wird, gegenwärtig die Bayerische Notenbank den letzten [1]) Platz ein, den ersten die Bremer, den zweiten die Sächsische Bank zu Dresden.

Jene 13 Millionen, deren Ströll gedenkt, setzen sich nämlich lediglich aus täglich fälligen Verbindlichkeiten zusammen, und es klingt mindestens sehr gewagt, solche Posten als Depositen zu bezeichnen und, wie der Verfasser es thut [2]), mit denen einer Sächsischen und insbesondere Bremer Bank auf gleiche Stufe zu stellen. Dies erscheint aber als völlig unbegründet, wenn man den obengenannten Betrag in seine Bestandteile zerlegt [3]). Wir sind gewöhnt von einer Depositenbank nur da zu sprechen, wo ein Bankinstitut verzinsliche Kapitalien entgegennimmt, um dieselben zu einem höheren Satze zu verwerten, und mit eben jenen Geldern sein Geschäft vorzugsweise betreibt. Bayern hat in seiner Königlichen Bank ein solches Institut von hervorragender Bedeutung, das nur schwer im Gebiete dieses Königreiches eine erfolgreiche Konkurrenz aufkommen läßt, indem es selbst einen relativ hohen Zins gewährt. Es erklärt sich sodann aber die Hintansetzung des Depositengeschäftes auch aus dem Umstande, daß es für die Bayerische Notenbank ganz gegen ihr Interesse sein würde, dasselbe zu kultivieren. Nirgends liegen in einem größeren Gebiete Deutschlands die Diskontobedingungen für den Handel günstiger als in Bayern. Die Königliche Bank mit ihren ganz enormen Kapitalien, die Bayerische Notenbank und die Reichsbank, also drei mächtige Geldinstitute, konzentrieren sich auf ein Staatsgebiet von 5 Millionen Einwohnern. Dazu kommt

---

1) Die Badische Bank schloß bereits am 15. Februar 1885 mit dem letzten an Kündigungsfrist gebundenen Posten von 3000 Mark diesen Zweig ab.

2) Moritz Ströll a. a. O. S. 80.

3) Vgl. S. 27 unten u. S. 28.

das durchaus nicht gering anzuschlagende Privatkapital und die Noten der benachbarten Banken, welche auch für den bayerischen Boden besondere Vorliebe zeigen [1]). Dies nötigt die Bayerische Notenbank, ihre Sätze sehr niedrig zu stellen, so daß sich dieselben im Jahre 1886 vielfach erheblich unter 2 % bewegten, womit es sich freilich nicht verträgt, einen hohen Depositalzins zu gewähren, der sich gleichwohl bei der Königlichen Bank auf 2 % und für langfristige Einlagen auf 3 % beziffert. Es versteht sich somit von selbst, daß die Bayerische Notenbank selbst bei bestem Willen aus dem Depositengeschäfte von der älteren und beliebten Konkurrentin völlig verdrängt werden mußte, und daß die Natur der Geldverhältnisse Bayerns ihr die Kultivierung dieses Geschäftszweiges verbietet.

Wie nun aber erklären sich jene 13 Millionen? Auf die einfachste Weise! Es sind Einzahlungen behufs Giroüberweisung, die bei einer Anzahl von 3860 Girokunden [2]) schon einen beträchtlichen Umfang erreichen müssen, ferner Akkreditiveinzahlungen [3]),

---

1) Vgl. S. 22.

2) Moritz Ströll a. a. O. S. 80.

3) Vgl. S. 15; die Organisation des Giroverkehrs seitens der Bayerischen Notenbank datiert erst seit 1883. Die folgende Statistik läßt erkennen, wie lediglich durch diesen die täglichen Verbindlichkeiten die oben gedachte Vermehrung erfuhren.

Täglich fällige Verbindlichkeiten der Bayerischen Notenbank **vor** Einrichtung des Giroverkehrs:

		1877: in 1000 Mark	1878: in 1000 Mark
Januar	31.	1413	771
Juli	31.	926	793
Dezember	31.	1748.	1620.

		1879:	1880:
Januar	31.	884	1383
März	31.	759	1634
November	30.	1459.	747.

deren Höhe sich nicht schätzen läßt, da es hierbei an einem sicheren Anhaltspunkte fehlt, jedenfalls aber auch recht bedeutend ist, — also insoweit ausschließlich unverzinsliche Einlagen. Hinzutreten dürften sodann die nur mäßigen obligatorischen Guthaben der Girokunden nebst deren sonstigen auf Girokonto stehenden Geldern, für welche die Notenbank im Gegensatze zur Reichsbank eine allerdings nur minimale Zinsvergütung gewährt.

Ströll erkennt namentlich den „hanseatischen Banken“ [1] (?), wobei gewiß nur an die Bremer Bank gedacht ist, den Vorzug wirtschaftlicher Tüchtigkeit zu, was durchaus berechtigt ist. Hingegen erscheint die mit dieser Behauptung stillschweigend verbundene Andeutung des Verfassers, daß eben deshalb deren Fortexistenz als Zettelbank gerechtfertigt sei, keineswegs begründet. Wir glauben, daß die 4½ Millionen Zettel sich sehr gut ohne Beeinträchtigung der Wirksamkeit jenes Instituts durch Depositen werden ersetzen lassen. Denn die Verteuerung eines mäßigen Bestandteiles ihres Betriebskapitals eröffnet der Bank die Möglichkeit,

---

		1881: in 1000 Mark	1882: in 1000 Mark
Januar	31.	957	1015
Juni	30.	925	1045
Oktober	31.	1029	819
Dezember	31.	1003.	976.

1883:

Januar	31.	745
Februar	28.	902
März	31.	1187
April	30.	1041.
Hier beginnt bereits die Organisation des Giroverkehrs.		
Juli	31.	3558
September	30.	5106
Dezember	31.	7181.

Fortsetzung siehe S. 15 u. 16.

1) Vgl. Moritz Ströll a. a. O. S. 80 u. 88.

sich in viel umfangreicherem Maße den Bedürfnissen des Verkehrs zu erschließen und die engen Schranken, welche eine Zettelbank umgeben, abzuschütteln. Thatsächlich belief sich denn auch der durchschnittliche ungedeckte Notenumlauf dieses Instituts schon im Jahre 1885 nur auf etwas über 2 Millionen Mark bei einer Gesammtsumme der Passiva von 37 Millionen. Das Nämliche gilt gegenüber Strölls Ausführungen betreffs der Frankfurter Bank [1]), welche ebenfalls nicht in der Lage ist, auch nur annähernd ihr steuerfreies Notenmaterial auszunutzen und sich wohl deshalb genötigt sieht, zu den im vorangehenden [2]) dargelegten Kunstgriffen ihre Zuflucht zu nehmen.

Wir müssen von dem Fundamentalsatz ausgehen, daß bei Zuerkennung eines so außerordentlichen Kreditmittels, wie es die Banknote ist, stets auch deren Nutzen und Frommen für außerordentliche Zeiten im Auge behalten werden soll. Hier aber lehrt die Erfahrung und eine sorgfältige Beobachtung des Geldmarktes, daß nicht nur im Falle einer Krisis, sondern schon einer an Ausdehnung und Dauer gewinnenden Geldversteifung jedermann an die Zentralbank rekurriert, da die kleinen Banken sogleich ängstlich „ihre Bude schließen“ [3]). Es kann dies nur zu leicht zu Gefahren führen, wenn alles so über jegliche Berechnung auf die eine Hilfsstätte stürmt, während dieselbe in ruhigen Zeiten nur mit einem beschränkteren Geschäftsgebiete zu rechnen hatte. Ganz anders verhält sich dies im Falle einer Monopolstellung, wo die Zahl der in kritischen Zeiten an die Bank herantretenden Diskontierungen nur etwa durch reserviertere Haltung des Privatkapitals einen Zuwachs erfährt. Die hier von manchen Theoretikern so leichthin vorgeschlagene Remedur einer Diskontoerhöhung bei starkem Andrange hat ihre sehr bedenklichen und schwer einschneidenden Folgen

1) Vgl. Moritz Ströll a. a. O. S. 80 u. 88.

2) Vgl. S. 21 ff.

3) Sonnemann im Reichstage 1874.

für Handel und Industrie, was meist viel zu wenig beachtet wird. Zweifellos wird eine solche Maßregel — wie sich aus dem Zusammenhange ergibt — von einem Monopolinstitute, das mit dem ganzen Markte rechnet, weit eher zu vermeiden sein als bei der Koexistenz einer Mehrzahl größerer Zettelbanken. Auch die Fundierung einer Monopolbank ist natürlich viel umfang- und daher garantiereicher als die eines bloßen Zentralinstitutes, neben dessen Noten noch wie gegenwärtig in Deutschland mehrere 100 Millionen Mark andere zirkulieren, womit eine entsprechende Zersplitterung des Metallvorrates Hand in Hand geht.

Es dürfte danach wohl kaum einzusehen sein, was man sich unter „den schwer wiegenden Nachteilen des Monopolbank*systems*"[1]) zu denken habe, zumal sich dasselbe in Frankreich und England in einer wo nicht hervorragenden, so doch sehr befriedigenden Weise bewährt hat.

Besorgnis findet in der Zentralisation von einem ganz andern Gesichtspunkte aus *Walter Bagehot* in seinem ziemlich umfangreichen Werke: Lombard Street. A description of the money market[2]), eine Arbeit, der wir um so mehr näher treten müssen, als sie nicht nur in England, sondern auch in deutschen Kreisen viel von sich sprechen machte.

Die Aufhäufung des Hauptmetallvorrates an einem Punkte, nämlich in den Kassen der Englischen Bank ist nach *Bagehots* Ansicht eine Maßregel, die sich in kritischen Zeiten schwer rächen müsse, weil sich der ganze englische Geldmarkt allein auf diese vielfach überschätzte Reserve stütze. Aber wenn man dieses mit Klarheit und Sachkenntnis geschriebene Buch sorgfältig prüft, so findet man nicht nur — was nicht erst *Bamberger*[3]) entdeckte,

---

1) *Moritz Ströll* a. a. O. S. 85.

2) Deutsch von Dr. H. *Beta*: Der Weltmarkt des Geldes in den englischen Bankhäusern. Leipzig 1874.

3) a. a. O. S. 96.

sondern der Verfasser bereits selbst zugibt [1]), — daß er viel tadelt, aber nichts Besseres anzuraten weiß, sondern auch, daß seine Auseinandersetzungen wohl für die englischen Verhältnisse vielfach Berechtigung haben, sich aber schwerlich mit gleichem Rechte auf die deutschen anwenden lassen.

Vergeblich suchen wir gegenüber dem Depositalbankwesen Englands in seinem ganz außerordentlichen Umfange eine entsprechende deutsche Einrichtung. Und doch sind es vorzugsweise jene Institute, bei denen es der Verfasser wohl auch mit Recht bedenklich findet, daß sie die Sorge für ihren Metallvorrat ausschließlich der Englischen Bank überlassen und sich mit den für ihren Geschäftsbetrieb unentbehrlichen Beträgen begnügen. Sodann ist aber auch darauf hinzuweisen, was ebenfalls keine der uns vorliegenden Besprechungen dieses Buches betont, daß die Organisation unserer Reichsbank über die meisten dort gerügten Mängel erhaben ist; es herrscht bei uns in der Leitung des Instituts ein festes kontinuierliches Prinzip, das nicht vermöge des ständigen Wechsels der Direktion jederzeit über Bord geworfen zu werden droht, im Gegensatze zur englischen Bankverfassung, welche eine jährlich wechselnde Leitung zuläßt [2]). Übrigens muß bemerkt werden, daß sich diese theoretisch sehr bedenklich erscheinenden Zustände praktisch durchaus nicht in entsprechender Weise fühlbar machen. Vielmehr gehört die Englische Bank unzweifelhaft zu den bestgeleiteten Instituten unter den modernen Zettelbanken.

Die Diskontopolitik bewegt sich bei uns auf der positiven Basis des Deckungsverhältnisses, mit anderen Worten: es ist bei uns für die Bestimmung der Diskontosätze regelmäßig nur die Höhe des Metallvorrates im Verhältnis zum Notenumlauf maß-

---

1) Die Worte Bagehots lauten: I know it will be said that in this work I have pointed out a deep malady and only suggested a superficial remedy p. 329 l. c.

2) Vgl. Bagehot l. c. p. 216: The Governor and Deputy Governor who form that executive change every two years.

gebend, im Gegensatze zur Bank von England, welche durch die Rücksichten auf Nutzbarmachung ihrer umfassenden Notenreserve von über 300 Millionen Mark (Schuld des Staates an die Bank) in der steten Ergreifung der für den Verkehr förderlichsten Maßregeln vielfach gehemmt ist [1]). Vor allem aber sind die Interessen der großen deutschen Bankhäuser schon infolge der prinzipiell verschiedenen Geschäftslage keineswegs mit der Zentralbank in ähnlichem Maße verschlungen, wie dies in England der Fall ist.

---

§ 6.
Das deutsche Notenmonopol.

Die Monopolisierung darf demnach für uns als wünschenswert bezeichnet werden. Doch wird man fragen, ist dieselbe denn auch in Anbetracht unserer gegenwärtigen Verhältnisse möglich, läßt sie sich ohne Zwangsmaßregeln gegen das Interesse des Handels und der Industrie im Umfange des ganzen Reichsgebietes durchführen? So sehr wir für das Prinzip der Noteneinheit aus den oben dargelegten Gründen eingenommen sind, glauben wir uns doch dagegen aussprechen zu müssen. Wohl ist es ratsam, das große Ziel nie aus dem Auge zu verlieren, und sohin gerechtfertigt, die Konzession allen denjenigen Instituten zu entziehen, für deren Unentbehrlichkeit als Zettelbanken ausschlaggebende Gründe nicht vorhanden sind; hierhin möchten wir sämtliche mit Ausnahme der beiden Zettelbanken des Königreichs Bayern und Sachsen zählen. Diese beiden Banken verfügen nach den von uns in §§ 2 und 3 gegebenen Auseinandersetzungen über ein soweit ausgedehntes Geschäftsgebiet, daß die Reichsbank füglich ohne kommerziellen Schaden für diese Landesteile selbst bei gewaltigster Anstrengung den Platz derselben auszufüllen nicht im stande sein dürfte. Ein

---

1) Ernst Seyd, Die wahren Grundsätze des Zettelbankwesens besonders S. 76.

Fortwirken dieser Banken ohne Noten ist aber unmöglich. Es ist undenkbar, daß sich hier die Ersetzung der Zettel durch einen Depositalfonds ohne Beeinträchtigung des bisherigen segensreichen Wirkens dieser Banken werde vollziehen lassen. Was speziell die Bayerische Notenbank betrifft, so ist von ihr, wie wir gegen Ströll nachwiesen, das Depositengeschäft bisher gänzlich zurückgesetzt worden, und es läßt sich deshalb nicht plötzlich unter Beibehaltung der gegenwärtigen Geschäftsausdehnung und namentlich der überaus verdienstlichen Thätigkeit in den Filialen Depositenkapital an die Stelle der Banknote setzen, die allein diese segensreichen Erfolge auch weiterhin zu verbürgen vermag.

Nicht ganz so liegen die Verhältnisse in Sachsen; aber auch hier haben wir es mit einer Bank von großer wirtschaftlicher Bedeutung zu thun, die eine mehr als lokale Rolle spielt, weil auch sie dem ordentlichen Diskontoverkehr, d. h. der Diskontierung zum Banksatze eine große Reihe zum Teil bedeutender Fabrikplätze hinzugefügt hat, auf welche die Reichsbank bisher ihre Filialen nicht ausdehnen mochte. Es läßt sich aber keineswegs mit irgend welcher Sicherheit annehmen, daß diese Vorteile, welche die Sächsische Bank der Handelswelt bietet, aufrecht zu erhalten sein werden, wenn man ihr das Notenprivileg entzieht. Im Gegenteil dürfte es geraten sein, das steuerfreie Notenmaterial dieser Bank zu vergrößern, um sie dadurch noch leistungsfähiger zu machen. Infolge der gedachten Beschränkung [1]) der Sächsischen Bank liegen die Diskontoverhältnisse für das Königreich Sachsen und die dortige Industrie viel ungünstiger als in Bayern. Ja, es wird uns mitgeteilt, daß die Sächsische Bank sich auch im Privatdiskonto an die Sätze der Reichsbank halte.

Das Prinzip der gerechten Verteilung des Notenprivilegs spricht ebenso entschieden und bestimmt für eine Erweiterung der Steuergrenze in Sachsen als für eine Aufhebung der Maximalgrenze in Bayern.

1) Vgl. S. 17 ff.

Man könnte sohin versucht sein, einen zwar einfachen, aber wohl nicht ratsamen Ausweg vorzuschlagen, um wenigstens eine formelle Einheit herbeizuführen, ohne den gegenwärtigen Stand der Dinge irgendwie zu beeinträchtigen. Dies dürfte sich am besten durch das Inkrafttreten folgender fünf Gesetzesparagraphen erreichen lassen:

§ 1. Vom 1. Januar 1891 ab haben sämtliche Zettelbanken mit Ausnahme der Reichsbank ihr Notenrecht aufzugeben und die in Zirkulation befindlichen Banknoten zur Einlösung gegen bar oder Reichsnoten einzuberufen.

§ 2. Die Reichsbank verabfolgt ohne Äquivalent an die Bayerische Notenbank 32 Millionen Mark in ihren 100-Marknoten, an die Sächsische Bank 16,7 Millionen (bzw. einen den obigen Ausführungen entsprechend höheren Betrag) in eingeteilten Stücken von 100- und 500-Marknoten [1]).

§ 3. Jede weiteren Notenbezüge der beiden genannten Banken von der Reichsbank sind nur statthaft gegen Hinterlegung des entsprechenden Wertes in gemünztem deutschen Gelde bezw. Gold in Barren, das Pfund fein zu 1392 Mark gerechnet.

§ 4. Zur Abwickelung der im vorstehenden Paragraphen bezeichneten Tauschvermittelungen sind die Reichsbankfilialen in Dresden und München zu ermächtigen. (Diese Bestimmung soll einer Störung im Geschäftsbetriebe vorbeugen.)

§ 5. Die sonstigen Bestimmungen des Bankgesetzes von 1875, insbesondere die Vorschriften über Drittels-Deckung und Notensteuer, bleiben unberührt.

Es empfiehlt sich wohl zur Vermeidung von Mißverständnissen, diese Umwandlung etwas sorgfältiger ins Auge zu fassen, da sie in der soeben vorgeführten Gestalt manchem Zweifel Raum läßt. Zunächst könnte man meinen, daß damit wohl entweder die

1) Die Notenabschnitte der Sächsischen Bank lauten gegenwärtig auf einen dieser beiden Beträge.

Sächsische und Bayerische Bank, welche wir im weiteren Verlaufe der Kürze halber als „Privatbank“ bezeichnen wollen, zu Filialen der Reichsbank gemacht oder aber auf deren Kosten mit einem Darlehen ausgestattet würden. Nach unserem Plane sollen indes die Banken eigene Verwaltung wie zuvor behalten, auch die Deckungsvorschriften wären weiterhin von ihnen zu beobachten. Ein nur gerechtfertigtes Vertrauen ist es, daß man ihnen den ganzen Betrag ihres steuerfreien Notenmaterials in Reichsnoten aushändigt, da sie ja auch bisher in ihren Noten den nämlichen Vorrat besaßen und nur bei Bedarf und — soweit der Bedarf es erforderte — auf ihn zurückgriffen. Denn thatsächlich soll die ganze Umgestaltung darin gipfeln, daß die Noten, welche früher aus der Presse der Privatbank hervorgingen und ihre Farben trugen, nunmehr durch Reichsnoten ersetzt werden. Es soll also die Reichsbank auch nicht genötigt sein, die an die Privatbank verabfolgten ungedeckten Noten in ihren (der Reichsbank) Umlauf einzurechnen; denn diese Zettel gehören dem Bereiche ihres Geschäftsbetriebes nicht an, unterliegen daher auch nicht der Deckungspflicht ihrerseits, sondern finden ihr Äquivalent in dem Portefeuille der Privatbank. Wären also z. B. nach dem Stande der Reichsbank von dem gesamten Notenumlauf 350 Millionen Mark ungedeckt, so fragt es sich zunächst, wieviel davon auf Rechnung der Privatbank fällt. Gesetzt die Reichsbank hätte ihr auf Grund unsres § 2 im ganzen 50 Millionen Mark Reichsnoten ohne Äquivalent überwiesen, so stünde der ungedeckte Notenumlauf der Reichsbank selbst nur auf 300 Millionen, und sie hätte bei einer Kontingentierung mit 250 Millionen die 5 prozentige Steuer nur für 50 Millionen zu entrichten. Der Gesamtumlauf an ungedeckten Noten im Verkehr müßte sich ergeben, wenn man den Vorrat der Privatbank an Reichsnoten von jenen 350 Millionen in Abzug brächte. Wollte auch die Privatbank über die ihr vom Gesetze bewilligte steuerfreie Summe hinausgehen, so müßten ihr durch die Reichsbank weiterhin Noten ohne Gegenwert verabfolgt werden, wofür jene an das Reich 5 % Steuer pro anno zu zahlen hätte. Eine Begleichung dieser Bezüge müßte dadurch erfolgen, daß die Privatbank Reichsnoten oder bar in Höhe des ungedeckt entnommenen Betrages an die Reichsbank wieder zurückerstattete. Diese Transaktion wäre also gleichbedeutend mit einem von der Privatbank ohne Unterpfand bei der Reichsbank aufgenommenen Darlehen zu 5 % Zinsen, welche an das Reich zu vergüten sind. Die Privatbank gibt eben nur statt eigener Reichsnoten aus, ohne in der gesetzlich vorgeschriebenen Deckung das geringste Privileg zu genießen. Die Reichsbank würde nach diesem Vorschlage allerdings die Garantie für die Noten der Privatbank übernehmen, aber unseres Erachtens ohne das geringste Risiko ihrerseits. Das praktische Resultat wäre, daß der weitaus größte Teil des Barvorrates der Privatbank bei den Reichsbankhauptstellen in Dresden und München aufbewahrt würde und sich auf eine fest normierte, der Höhe nach stets gleich bleibende Summe beliefe; in den eigenen Kassen der Privatbank befände sich nur das Material, welches der tägliche Verkehr erfordert.

Die Noteneinlösung würde sonach lediglich durch die Reichsbank erfolgen, und gerade hier scheint ein verwickelter Knoten entgegenzustehen, da sich der Einwand erhebt, daß die Millionen ungedeckte Noten der Privatbank aus dem Metallvorrate der Reichsbank eingelöst werden müßten, ohne daß sie hierfür den Gegenwert erhielte. Bei dem gegenwärtigen Stand der Dinge, d. h. unter der Herrschaft des Bankgesetzes von 1875 werden bekanntlich die Noten der Privatbank sofort zur Einlösung präsentiert. Wie nun aber nach jener Transformation, welche die Unterscheidung dieser Noten von denen der Reichsbank unmöglich macht? Auch hier würde sich in erster Reihe alsbald eine indirekte Ausgleichung ergeben; denn auch die Privatbank nimmt Reichsnoten entgegen, die sie nicht in Zirkulation gesetzt hat, und benutzt eingehende Barbeträge zum Umtausche gegen Reichsnoten. Dieser Umtausch von bar gegen Noten seitens der Privatbank bei der Reichsbank ist aber nichts anderes als das Äquivalent für die Einlösung der Noten der Privatbank durch die Reichsbank. Das Ergebnis also träfe mit der von uns anfangs statuierten Garantie der Privatbanknoten durch die Reichsbank zusammen.

Natürlich hat die ungedeckte steuerfreie Notenzirkulation ihre ganz fest normierte Höhe. Aber noch mehr, auch der Gesamtumlauf der Privatbank müßte hier unbedingt eine freilich — und dies ist wohl auch logisch durchaus gerechtfertigt — von der Selbstbestimmung der Bank und ihrer Leistungsfähigkeit abhängig gemachte, fest normierte Grenze haben, nämlich in der dreifachen Höhe des durch die Privatbank bei der Reichsbank zur Zeit der Vollziehung der Reform gegen Reichsnoten hinterlegten Betrages, auf Grund der Bestimmung des § 44 Abs. 3 des Bankgesetzes (Drittelsdeckung).

Dieser Betrag aber würde in der Folgezeit, d. h. vom 1. Januar 1891 begreiflicherweise dem Barvorrate der Reichsbank selbst als Deckung für die dafür ausgegebenen Noten einzuverleiben sein, womit der Einwand, es müsse die Reichsbank mit ihrem Metallschatze für die Noten der Privatbank eintreten, völlig zusammenbricht, indem ihr eine voll ausreichende Vorausdeckung für die von der Privatbank ausgegebenen und zur Einlösung etwa vorgelegten Noten geboten wäre.

Es würde sich also an einem praktischen Beispiel die Sache folgendermaßen gestalten. Die Bayerische Notenbank erhält 32 Millionen Mark Reichsnoten schon Mitte des Jahres 1890, um mittels dieser ohne eine Geschäftsstörung (Ausleerung des Portefeuilles) ihre Noten einzulösen bezw. umzutauschen. Gleichzeitig überweist sie ihren Barvorrat von ca. 30 Millionen Mark an die Reichsbank und empfängt dagegen abermals 30 Millionen Mark Reichsnoten. Hiermit hat sie zugleich ihren höchsten Gesamtumlauf an Noten mit 90 Millionen Mark selbst bestimmt. Ohne Schwierigkeit ersetzt sie nunmehr ihre eigenen Noten im Wege des Umtausches durch Noten der Reichsbank, für die alsdann der ausgelieferte Barvorrat von 30 Millionen und das Wechselportefeuille der Privatbank das Äquivalent repräsentieren. Kommt es zur Liquidation, so ist mithin im vorliegenden Falle der ganze Notenumlauf durch bar oder Wechsel gedeckt, die in spätestens drei Monaten zu Geld werden, gleichviel ob sie in Banknoten oder bar bezahlt werden.

Wir sind weit davon entfernt, die Anwendung einer solchen Maßregel zu empfehlen; im Gegenteil wollen wir versuchen, im § 9 einen unserer Reichsbank würdigeren, wenn auch schwierigeren Weg vorzuschlagen, der sie dazu fähig macht, vielleicht schon nach Ablauf gar nicht langer Zeit energischer Thätigkeit einen reellen Ersatz auch für jene beiden Banken zu bieten und daneben in den Bezirken, welche sie schon jetzt beherrscht, noch segensreicher zu wirken.

Aber auch diejenigen Folgen sind keineswegs zu unterschätzen, welche die Aufhebung der übrigen bisher bestehenden zum Teil nicht unbedeutenden Zettelbanken haben kann. Der steuerfreie Notenbetrag derselben, welcher der Reichsbank allerdings zuwächst, reicht zu einem geeigneten Ersatze natürlich nicht aus. Denn fassen wir auch nur die vier größeren Zettelbanken des § 4 ins Auge, so bezeugt die nachstehende Statistik, daß deren Geschäftsausdehnung durchaus nicht zu unterschätzen ist.

Aktiva der Frankfurter Bank[1]) am Ende des bezeichneten Monats:

1884:

	Metallbestand in 1000 Mark	Lombard in 1000 Mark	Effekten in 1000 Mark	Sonstige Aktiva in 1000 Mark
Januar	3187	3342	3643	2539
März	3577	3209	3878	2403
Mai	3068	3364	4052	5946
Juli	3296	3620	3977	3339
September	3528	3621	3938	2375
Dezember	3851	3685	4232	2558.

1) Betreffs des Wechselportefeuilles vgl. S. 17 Anm. 2.

1885:

	Metallbestand in 1000 Mark	Lombard in 1000 Mark	Effekten in 1000 Mark	Sonstige Aktiva in 1000 Mark
Februar	3650	2524	4653	6561
April	3785	2388	4770	2626
Juni	3671	2465	4758	2439
August	4242	2264	4758	3376
Oktober	3759	2835	4728	3352.
		1886:		
Januar	4941	2404	4996	3705
März	3905	2830	4703	2983
April	4363	2278	4560	2830
August	4071	2064	4565	3950
September	4487	1710	4564	3206
Oktober	3991	2639	4530	4110.

Passiva[1]) der Frankfurter Bank am Ende des genannten Monats:

1884:

	Notenumlauf in 1000 Mark	Tägliche Verbindlichkeiten in 1000 Mark	Sonstige Passiva in 1000 Mark	Laufendes in 1000 Mark
Januar	7731	4955	409	3849
März	8339	3691	1286	2983
Mai	7654	6270	1017	950
Juli	8324	5688	1334	1325
September	10189	3041	945	3362
Dezember	11199	4771	234	1638.
		1885:		
Februar	10373	6812	139	1784
April	10361	3620	242	2422
Juni	9611	4747	193	1035
August	10149	4070	145	1146
Oktober	10696	3707	143	2081.

1) Aktienkapital, Reservefond und Kündigungsverbindlichkeiten S. 19.

1886:

	Notenumlauf in 1000 Mark	Tägliche Verbindlichkeiten in 1000 Mark	Sonstige Passiva in 1000 Mark	Laufendes in 1000 Mark
Januar	9363	4891	566	1072
März	10490	5217	2021	1280
April	11634	4343	1740	1677
August	10503	4329	2272	775
September	12623	5336	2896	519
Oktober	11428	5044	1838	942.

Aktiva[1]) der Badischen Bank:

	Metallbestand in 1000 Mark	Lombard in 1000 Mark	Sonstige Aktiva [2]) in 1000 Mark
1884:			
Januar	4794	924	1687
April	4050	756	1787
Juli	3957	753	1559
Oktober	4904	799	1740
Dezember	5146	855	1957.
1885:			
Januar	4322	701	1525
März	4285	676	1770
Mai	4106	725	1625
September	4215	646	1923
Dezember	4690	784	1994.
1886:			
Januar	4505	645	1772
Juni	4100	751	1849
August	3989	752	1600
Oktober	4514	799	2021.

---

1) Vgl. S. 17 Anm. 2 zur Ergänzung.

2) Der Effektenbestand der Badischen Bank ist gegenwärtig minutiös, bewegt sich zwischen 30 und 40000 Mark.

Passiva[1]) der Badischen Bank:

1884:

	Notenumlauf in 1000 Mark	Tägliche Verbindlichkeiten in 1000 Mark	Sonstige Passiva in 1000 Mark	Laufendes in 1000 Mark
Januar	14051	725	876	1448
April	11712	986	328	883
Juli	11726	531	469	2268
Oktober	14585	538	628	1054
Dezember	14232	602	735	1156.

1885:

	Notenumlauf in 1000 Mark	Tägliche Verbindlichkeiten in 1000 Mark	Sonstige Passiva in 1000 Mark	Laufendes in 1000 Mark
Januar	12779	628	802	1769
März	12165	609	746	2360
Mai	11818	691	392	2631
September	12412	649	580	1675
Dezember	13820	713	735	1622.

1886:

	Notenumlauf in 1000 Mark	Tägliche Verbindlichkeiten in 1000 Mark	Sonstige Passiva in 1000 Mark	Laufendes in 1000 Mark
Januar	13449	574	782	2037
Juni	11887	508	330	2751
August	11711	638	399	1955
Oktober	13847	618	483	1604.

Aktiva der Württembergischen Bank:

1884:

	Metallbestand in 1000 Mark	Lombard in 1000 Mark	Sonstige Aktiva[2]) in 1000 Mark
Januar	9163	244	620
Februar	9442	285	393
Mai	8537	333	379
August	8519	396	482
Dezember	8915	459	556.

1) Vgl. S. 19 zur Ergänzung.

2) Der Effektenbestand bezifferte sich auf ca. 300000 Mark.

1885 [1]):

	Metallbestand in 1000 Mark	Lombard in 1000 Mark	Sonstige Aktiva in 1000 Mark
Januar	8997	463	549
April	7864	343	696
Juli	8985	343	729
Oktober	8539	527	831
Dezember	8770	514	559.
		1886:	
Januar	8051	458	454
Juni	8082	287	474
Oktober	8095	526	464.

Passiva der Württembergischen Notenbank:

1884:

	Notenumlauf in 1000 Mark	Tägliche Verbindlichkeiten in 1000 Mark	Sonstige Passiva in 1000 Mark	Laufendes in 1000 Mark
Januar	19491	1294	771	1195
Februar	20557	857	769	1198
Mai	19136	809	393	1375
August	18310	1215	536	1641
Dezember	20066	508	759	1353.
		1885:		
Januar	19171	790	694	2243
April	19410	746	360	1145
Juli	19770	544	509	989
Oktober	20095	764	647	1195
Dezember	19590	640	746	898.
		1886:		
Januar	17087	908	667	2073
Juni	19382	784	351	966
Oktober	20949	310	492	859.

1) Der Effektenbestand bezifferte sich auf ca. 350000 Mark.

Aktiva der Bank für Süddeutschland:

1884:

	Metall in 1000 Mark	Lombard in 1000 Mark	Effekten in 1000 Mark	Sonstige Aktiva in 1000 Mark
Januar	6179	852	3698	2117
April	5279	726	3737	4131
Juli	5473	747	3823	3129
Oktober	5544	677	4004	3938
Dezember	5413	893	4001	1284.

1885:

Januar	5727	750	3999	2096
März	5235	840	4072	2292
Juni	5883	969	4115	2520
September	5100	906	4108	2726
Dezember	5529	964	3998	1822.

1886:

Januar	5164	835	3870	3513
März	5309	907	3890	2668
Mai	5032	841	4075	3493
Juli	5181	845	4084	2833
August	5314	726	4081	2862
September	5483	799	4178	3813
Oktober	5614	881	4178	2749.

Passiva der Bank für Süddeutschland:

1884:

	Notenumlauf in 1000 Mark	Sonstige Passiva in 1000 Mark	Laufendes in 1000 Mark
Januar	15413	727	1889
April	15829	506	1205
Juli	17178	1220	1720
Oktober	15732	915	2822
Dezember	15710	1087	566.

1885:

	Notenumlauf in 1000 Mark	Sonstige Passiva in 1000 Mark	Laufendes in 1000 Mark
Januar	15330	1092	1775
März	15233	719	1725
Juni	16636	680	1862
September	14303	871	1593
Dezember	16168	1076	957.

1886:

	Notenumlauf in 1000 Mark	Sonstige Passiva in 1000 Mark	Laufendes in 1000 Mark
Januar	15156	1081	1822
März	15311	380	1679
Mai	14281	457	2803
Juli	14880	581	1548
August	15462	618	1512
September	15971	681	1207
Oktober	15402	736	1416.

Sollten jene Banken nun auch als Depositalbanken und vornehmlich diskontierende Institute fortwirken, so wird ihre Leistungsfähigkeit immerhin beeinträchtigt sein, und der Geschäftsbetrieb läßt sich in dem bestehenden Umfange unter gleich günstigen Bedingungen für die Klientel wohl kaum ermöglichen. Es wird somit Sache der Reichsbank sein, hier nach Maßgabe der sich nach Aufhebung der Konzession ergebenden Verhältnisse umsichtig einzugreifen und allen Nachteilen energisch vorzubeugen, die alsdann ebenso leicht zu vermeiden sind, als sie im andern Falle dem Handel verhängnisvoll werden können. Niemand nahm bisher an jenen Orten Anstand, den Noten der bestehenden Banken das nämliche Vertrauen entgegenzubringen wie den Reichsnoten, und immerhin gilt für den Geschäftsmann dasjenige Institut als das schätzenswerteste, welches ihm bei solider Fundierung seines Notenmaterials die größten Vorteile in der Diskontierung bietet. Dadurch wird der Unternehmungsgeist des großen Geschäftes in Frische erhalten, die Produktion hat eine Stütze gegen die jetzt scheinbar kontinuierliche Preisminderung, und der Handel, welcher sich schon daran gewöhnt hat, mit minimalem Gewinne zn rechnen, findet ebenfalls eine sehr wertvolle Stütze im Falle des Geldbedarfes bei zeitweise stockendem Absatze. Ihre Aufgabe hat demgemäß die Reichsbank sehr ernst zu nehmen und zu diesem Behufe auch, wofern erforderlich, an eine Vermehrung des Grundkapitals zu denken (vgl. übr. § 9).

Einen Einwand gegen unsere Befürchtung einer sehr wahrscheinlichen Diskontoerhöhung bei Einstellung der Thätigkeit jener Zettelbanken als solcher dürfte man vielleicht daraus entnehmen, daß die Einmischung des wenigstens zur Zeit fortgesetzt flüssigen, für eigne Hand diskontierenden Privatkapitals als Gegengewicht fungieren könnte. Wir wissen wohl, daß unsere Privatdiskonteure an den größeren Börsenplätzen ganz bedeutende Wechselposten zu erstaunlich niedrigen Preisen aus dem Markte entheben, wissen aber auch, daß dies nur das strenge Gebot des gegenwärtigen Geldstandes ist, der allein so für jene Kapitalien bei unbedingter Sicherheit der Anlage eine vorübergehende Nutzbarmachung ermöglicht. Würde aus einem gerade diesem Verkehr fern liegenden Grunde, vielleicht wegen drohender ungünstiger Zahlungsbilanz, die Reichsbank mit ihrem Satze in die Höhe gehen, sogleich folgten — das ist der Praxis wohl bekannt — auch alle jene Kapitale dieser Erhöhung, wenngleich sie in nämlicher Fülle vorhanden unter gleichen Schwierigkeiten nach produktiver Verwendung streben.

Die drei folgenden Paragraphen machen es sich zur Aufgabe, die im vorangehenden wiederholt angedeuteten Reformvorschläge darzulegen und zu begründen, durch welche unsre Bankentwicklung in den richtigen Strom gelenkt zu werden vermag. Drei Punkte werden hier insbesondere ins Auge zu fassen sein:

1. die vielfach erörterte Frage, in welcher Gestalt die Anwendung ungedeckter Noten der modernen Bankverfassung am besten entspreche [1]).

---

1) Im § 7.

2. Wie man die innere Organisation eines Monopolinstituts der Zukunft regeln müsse [1]).

3. Anknüpfend an die beiden vorangehenden Punkte einige Angaben über vorzunehmende Änderungen in dem Geschäftsbetriebe der Reichsbank [2]).

---

§ 7.

Die Kontingentierung.

Ehe wir auf den durch unser Bankgesetz sanktionierten Modus der sog. indirekten Kontingentierung, vielleicht besser „Steuerkontingentierung" [3]), eingehen, empfiehlt es sich — um für jene Untersuchung eine feste Grundlage zu gewinnen — wenn auch in möglichster Kürze die Frage zu erledigen, ob die Anwendung ungedeckter Noten überhaupt gerechtfertigt sei oder ob es die Pflicht unserer gesetzgeberischen Organe sein müsse, auf die in den Gedanken der Notenfeinde bis in die neueste Zeit ernstlichst verteidigten und gepriesenen Zeiten der Münzscheine hinzuarbeiten. Kaum bedürfte es zur Lösung dieser Frage der Berufung auf das gewiß überzeugende Urteil von Männern wie Wagner und Bamberger. Der Umstand, daß die aufmerksame Beobachtung des praktischen Bedürfnisses hierbei jeden Unbefangenen ebenfalls urteilsfähig macht, sollte vielmehr zu der Annahme berechtigen, daß die Erörterung dieses Gegenstandes schon lange abgeschlossen sei, der ganze

---

1) Im § 8.

2) Im § 9.

3) Man hat den Ausdruck „indirekte Kontingentierung" im Gegensatze zu den Bankzuständen Englands gebraucht, wo dem ungedeckten Notenumlauf eine feste direkte Maximalgrenze gesetzt ist (Peel'sche Akte). Durch die von uns gewählte Bezeichnung ist schon in dem Worte angedeutet, daß die Kontingentierung durch eine Steuer bewirkt sei, wonach es sich von selbst versteht, daß sie keine direkte, bzw. an einen Höchstbetrag gebundene sein könne.

Streit darüber der Vergangenheit angehöre. Und doch, welch' scharfer Widerspruch bei Männern der Wissenschaft! Eine Reihe einflußreicher Nationalökonomen tadelt den augenblicklichen Stand der Dinge aufs heftigste und findet den einzigen Trost darin, daß wenigstens das neue Bankgesetz durch die auferlegten Beschränkungen endlich den einzig vernünftigen Weg eingeschlagen habe und hoffentlich auch konsequent durchführen werde. Im Interesse möglichster Kürze sind wir gehindert, auf diesen sehr bedeutenden Zweig der nationalökonomischen Literatur ausführlich einzugehen. Wir wenden uns daher vorzugsweise gegen Walcker, der in seiner 1876 erschienenen Abhandlung: „Die Notenbank- und die Währungsfrage" den Gedanken der Tellkampf'schen Münzscheine ernstlich zu verteidigen sucht und wohl auch vielfach Anklang gefunden hat, weil die für Dilettanten ansprechende Form seiner Darstellung und die allerdings anerkennungswerten, überaus reichlichen Literaturnachweise manchen veranlassen konnten, den Inhalt dieser Broschüre zu überschätzen.

Jedenfalls muß es einen jeden Leser sehr überraschen, der die Verkehrsverhältnisse seiner Heimat einigermaßen kennt, wenn er auf der dritten Seite jener Schrift den Zweck aller (!) Banknoten dahin bestimmt findet, daß sie „den Gründern und Aktionären der Bank pekuniären Gewinn zu verschaffen haben und angeblich den Handel und die Industrie befördern" sollen. Dies erscheint aber um so auffallender, da weder zuvor für diese paradoxe Behauptung ein Beweis erbracht ist, noch alsbald ein solcher folgt, vielmehr diese merkwürdige Entdeckung wie eine lang anerkannte Thatsache so nebenbei mitgeteilt wird.

Eher verzeiht man denn noch dem englischen Bankier Ernst Seyd, der in seiner deutsch abgefaßten, aber vielfach wegen ihrer sprachlichen Unklarheit fast noch einer Übersetzung bedürftigen Schrift: „Die wahren Grundsätze des Banknotenwesens"[1]), ohne

1) S. 15.

die Begriffe Banknote und Papiergeld [1]) irgendwie zu trennen, zu folgendem Resultate kommt: „Das Land, welches Papiergeld [2]) gebraucht, verringert seinen Export und vergrößert seinen Import.“ Es folgt ein von ihm als schlagendster Beweis bezeichnetes Beispiel aber nicht für die von ihm aufgestellte Behauptung, sondern allenfalls für den Mißbrauch des Papiergeldes oder richtiger die fehlerhafte Organisation des amerikanischen Banknotenwesens. Man sieht, es wird hier mit Behauptungen auf gut Glück herumgesprungen, wobei man nicht selten den eigenen Voraussetzungen geradezu widerspricht. So anerkennt Walcker [3]) die großen Vorteile und Leistungen der Preußischen Bank, führt aber ihre Mißgriffe mit aller Bestimmtheit darauf zurück, daß sie eine Zettelbank gewesen sei. Wir fragen nur, woher entspringen denn ihre Vorzüge.

Nach dem Vorgange Perrots findet man die Banknote als Reitwechsel [4]) bezeichnet. Der Verfasser scheint zu übersehen, daß zu einem Ritt außer einem reitenden Subjekt auch ein Reitobjekt gehöre; auch zu einem Reitwechsel gehört unbedingt einer, der reitet [5]) (Trassant), und einer, auf dem geritten wird (Trassat); allein in dieser Weise ist jener Ausdruck zu begreifen. Denn die in den Erklärungen des Reitwechsels aller Orten berücksichtigte Thatsache, daß oftmals eine größere Anzahl von Personen, als sie der einzelne Wechsel selbst zeigt, die Wechselreiterei vermittelt, ist ganz unwesentlich und für den Begriff des Reitwechsels wenigstens in unserer heutigen Praxis durchaus gleichgültig. Die Richtigkeit des Gesagten ergibt sich namentlich, wenn man sich vergegenwärtigt, daß im Diskontogeschäfte als Gegenstück des Reitwechsels der sog.

1) Für die englische Organisation ist allerdings diese Unterscheidung unpraktisch.

2) Hier wollte der Verfasser offenbar ungedeckte Banknoten sagen. Es spricht dafür schon die Überschrift dieses Titels in der fraglichen Schrift.

3) a. a. O. S. 23.

4) Vgl. S. 29 a. a. O.

5) d. h. hier ohne ein entsprechendes Forderungsrecht den Wechsel ausstellt.

„legitime Warenwechsel“ angesehen wird, d. h. eine Tratte, deren Grundlage eine zivilrechtliche Warenforderung ist, bei welcher der Trassant Gläubiger, der Acceptant Schuldner war. — Soviel aber steht jedenfalls fest, daß man niemals bei einem Reitwechsel an einen trockenen Wechsel denkt. Die Banknote jedoch ist thatsächlich, wenn sie als Kreditpapier aufgefaßt und als solches mit einem Wechsel in Parallele gestellt wird, nur mit dem eigenen Wechsel vergleichbar. Es wird in ihr nicht die Zahlung eines Dritten versprochen, sondern die der Emittentin selbst. Schon aus diesem Grunde ist es also völlig verfehlt, hier von einem Reitwechsel zu sprechen, der stets eine gezogene Tratte voraussetzt.

Es ist übrigens auch nicht zutreffend, wenn man — wie dies in der Wissenschaft oft der Fall ist — bei dem Ausdrucke Reitwechsel lediglich an solche Rimessen denkt, welche die Unterschrift nicht zahlungsfähiger Schuldner tragen. Im Gegenteil dürften in den meisten Fällen vom Standpunkte des heutigen Verkehrslebens aus die so bezeichneten Abschnitte — was deren Bezahlung am Verfalltage anbetrifft — vollkommene Sicherheit bieten. Es wird nämlich in den allermeisten Fällen die Form des Reitwechsels nur zu dem Zwecke gewählt, um sich billigeren Kredit zu verschaffen, und er ist gerade mit derjenigen Kreditbenutzung am nächsten verwandt, welche man heutzutage als die eleganteste betrachtet, nämlich die Ziehung auf ein Bankhaus. Regelmäßig pflegt man deshalb zum Reitwechsel seine Zuflucht zu nehmen, um einerseits die Acceptprovision bei dem Bankier zu ersparen und anderseits auch dem noch höheren Lombardzinsfuß zu entgehen. Es trassiert in solchen Fällen A auf B, der mit ihm häufig eher in verwandtschaftlicher als geschäftlicher Beziehung steht, den Betrag, dessen er bedarf, und diskontiert diesen Abschnitt alsdann bei seinem Bankier. Das einzige, was bei diesen Wechseln zu einem gewissen Mißtrauen berechtigt, möchte vielleicht der Umstand sein, daß sie die Namen von zwei, thatsächlich aber nur einen Obligierten aufweisen. Denn es läßt sich mit einem hohen Grad von Bestimmtheit vermuten, daß Leute, welche derart miteinander „Geld machen“, auch in ihrer geschäftlichen Existenzfähigkeit voneinander abhängen werden, und daß mit dem Sturze des Einen auch der Andere wahrscheinlich werde kapitulieren müssen. Aber nichtsdestoweniger sind Tausende dieser Abschnitte im Umlauf, die zu den billigsten Sätzen diskontiert werden und an Sicherheit den besten Warenwechseln gleich stehen.

Unrichtig ist es daher auch zu glauben, daß der Diskonteur die Qualität solcher Wechsel als Reitwechsel nicht kenne. Ein einigermaßen geschäftskundiger Bankier wird sogar mit ziemlicher Sicherheit aus einem großen Wechselportefeuille die Reitwechsel von denjenigen zu unterscheiden wissen, welche dem legitimen Warenverkehr entstammen, selbst wenn dieselben in einer Gegend entstanden sind, mit deren Kreditlage er nicht bekannt ist [1]).

Doch kehren wir wieder zu unserm Ausgangspunkte zurück. Walcker verwahrt sich gegen die Wagner'sche Auffassung des Staatspapiergeldes, wonach „dasselbe in Zahlungen des Staates gegen Quittung [2]) ausgegeben, die Noten indes als Darlehen gegen Schuldurkunden fortgegeben werden“. Dies könne nur im Falle einer Anlage zu unproduktiven Zwecken zugestanden werden. Er hätte mit der gegenteiligen Behauptung das Wahre ebensogut getroffen. Der Begriff des Staatspapiergeldes kann unmöglich eine Änderung erfahren durch den Gebrauch, welchen der Staat von seinem Kredite macht. Den Rückfluß des Papiergeldes an staatliche Kassen erachtet Walcker der Einlösung gleich, trotzdem dieselben sofort wieder für Besoldung von Beamten und sonstige

1) Es dürfte interessant sein, zu diesem Passus die Ausführungen in Thöls Handelsrecht § 210 (2. Aufl. Bd. 2 S. 227 ff.) zu vergleichen, die zum Teil von unserer, der heutigen Praxis entsprechenden Darstellung abweichen. Namentlich müßte man nach Thöl im wesentlichen auch die Entnahmen auf Bankiers, unstreitig die beliebteste und „nobelste“ Art der Kreditaufnahme, in die Kategorie von Reitwechseln stellen, was natürlich niemandem in den Sinn kommt.

2) Vielleicht besser gegen Forderungen des Staatsgläubigers.

Ausgaben des Staates in Zirkulation gesetzt werden, also jene Kassen nicht Einlösungs- sondern nur Übermittlungsstationen sind.

Mit größtem Ernste sucht Walcker[1]) die Lehren der Tookeschen Schule zu bekämpfen, welche mit bewußter Klarheit die nahe Verwandtschaft von Banknoten und Wechseln vertritt. Dabei führt er seine Beweise aber derart, als hätte Tooke die Behauptung aufgestellt, Wechsel und Banknoten seien identisch[2]). „Noten einer angesehenen Bank, so lauten seine eigenen Worte, kann man thatsächlich im Kleinverkehr wie bei den größten Zahlungen ganz wie Gold- und Silbermünzen ausgeben. Von zweifelhaften Schuldnern muß man zwar mitunter Wechsel annehmen; aber im gewöhnlichen Verkehr werden nicht Wechsel offeriert, wo Barzahlung zu erfolgen hat. Wenn z. B. ein Kaufherr seinem ersten Buchhalter, der doch auch ein Kaufmann ist, die fällige Gage in Wechseln statt in Noten oder Geld anbieten wollte, so würde ihn letzterer für bankrott (oder verrückt) halten."

Unerklärlich bleibt einer solchen Argumentation gegenüber Walckers[3]) eigene und zwar zutreffende Behauptung dahin lautend, es habe sich bei jener Schule nur um einen Vergleich zwischen den beiden in Frage stehenden Umlaufsmitteln des Verkehrs gehandelt, für dessen Berechtigung im folgenden der Nachweis erbracht werden soll[4]).

---

1) a. a. O. S. 32 ff.

2) Die einschlagenden Ergebnisse Tookes aus der Geschichte und Bestimmung der Preise (Ashers Übersetzung Bd. 2 S. 621) sind besonders folgende:

a) „Die von der Currency-Theorie zwischen Banknoten und anderen Arten von Kreditpapier aufgestellte Unterscheidung gründet sich auf keine wesentliche Verschiedenheit, ausgenommen soweit die kleinsten Arten von Noten in Betracht kommen, die im Detailhandel und bei Lohnzahlungen gebraucht werden."

b) „Bei allen Käufen und Verkäufen von Zwischenhändlern könnten, wenn nicht die Stempelabgabe wäre, sehr füglich Wechsel anstatt der Noten von zehn Pfund und darüber gebraucht werden."

3) a. a. O. S. 28.

4) Vgl. auch Anm. 2b oben.

Man fühlt sich übrigens nach dem Dargelegten fast versucht zu vermuten, daß Walcker die Schriften Tookes nicht einmal oberflächlich gelesen habe. Denn, wie soll man es sich sonst erklären, daß er eine Widerlegung gegen Tooke daraus entnehmen will, was dieser selbst als eine sich durch die Natur der Sache ergebende Ausnahme von seiner Lehre statuiert, nämlich, daß bei kleineren und namentlich Lohnzahlungen [1]) der Wechsel für die Banknote nicht fungieren könne!

Um die Zulässigkeit des in Frage stehenden Vergleiches zu begründen, müssen wir uns zunächst darüber klar werden, daß bei seiner Anwendung nicht gleich an Dreimonat-Wechsel gedacht werden darf [2]), wogegen Geffcken [3]) beispielsweise mit Feuereifer kämpft und Walcker [4]) nicht minder seinen Scharfsinn ermüdet. Man hat dabei natürlich nur, wenigstens wenn von einer förmlichen Übereinstimmung gesprochen wird, einen Vista-Wechsel im Auge oder einen Check, der diesem ja thatsächlich gleichsteht. Ein Beispiel soll uns hier auf kürzestem Wege die Ähnlichkeit beweisen. Das vorzüglich fundierte Bankhaus A stellt auf das Bankhaus B, welches ihm an Kreditwürdigkeit durchaus ebenbürtig ist, in schöner und hantierlicher Form Zahlungsanweisungen zu Gunsten (Ordre) N. N. oder Überbringer über je 100 Mark zu mehreren tausend Exemplaren aus und fügt in den Text hinter die Worte: wolle zahlen „aus meinem Guthaben" ein. Was haben wir hier Andres als Banknoten, die ohne jeden rechtlichen Anstand zirkulieren dürfen? Dabei bedarf es weder eines Stempels noch eines Indossaments. Die Banknote ist eine Urkunde, welche die Verpflichtung der Bank zur Zahlung eines darin festgesetzten Betrages an den Inhaber bei Vorzeigung ausdrückt; die nämliche jedoch wechselmäßige Verpflichtung bezeichnet das Wesen des Vista-Wechsels, wofern wir

---

1) Vgl. S. 51 Anm. 2a.

2) Vgl. übrigens auch in dieser Richtung S. 53 ff.

3) Das Deutsche Reich und die Bankfrage S. 24 ff.

4) S. 34 a. a. O.

uns über die dem Bezogenen dabei zumeist noch obliegende Prüfung des justus titulus des Präsentierenden hinwegsetzen. Bedarf es einer noch größeren Ähnlichkeit? Der einzige wesentliche Unterschied zwischen Wechsel und Banknote bliebe sonach der, daß ersterer nur provisorische, letztere definitive Zahlung bewirkt. Die kurze Verjährungsfrist des Wechsels ließe sich dadurch umgehen, daß man die Form eines Checks [1]) wählt. Denn die Bestimmung des Artikels 31 der Wechselordnung gilt doch wohl nur für Wechsel, die den Erfordernissen des Artikels 4 entsprechen.

Man wird vielleicht gegen diese Darlegung einwenden, daß damit die nahe Verwandtschaft von Wechsel und Banknote noch nicht bewiesen sei, wenn der Wechsel nach seiner obligatorischen Natur und Definition mit der Banknote teilweise übereinstimmt und in gewissen, aber praktisch nur relativ seltenen Fällen eine der Banknote sehr ähnliche Gestalt annimmt. Damit bleibe die Funktion des Wechsels im großen Verkehr und durchschnittlich doch immerhin eine von der Banknote völlig getrennte. Aber auch das ist unrichtig. Weitaus die meisten — ja, man könnte sagen alle — Wechsel des Verkehrslebens dienen gleich der Banknote der Zirkulation, und die meisten Rechtssätze unsrer Wechselordnung wären unerklärlich, wenn man nicht hieran als Basis festhielte. Wir verweisen hinsichtlich dieses Punktes der Kürze halber auf die juristische Literatur [2]), namentlich aber auf Einerts Theorie, welche einen ganz neuen Anstoß in der juristischen Auffassung des Wechsels gab, indem sie lediglich aus der Natur desselben als „Papiergeld der Kaufleute" seine gesetzgeberische Behandlung zu erklären suchte. Mit dem Wechsel — so lehrt Einert — bezahlt der Kaufmann

---

1) Die hier wohl allein in Frage kommenden Art. 300 ff., namentlich Art. 305 des Handelsgesetzbuches enthalten über Verjährung weder selbst eine Bestimmung noch eine Verweisung auf die Wechselordnung.

2) Unter den neueren siehe jetzt namentlich die sorgfältige Zusammenstellung der Wechseltheorien bei H. O. Lehmann, Lehrbuch des deutschen Wechselrechts (Stuttgart 1886) S. 145 ff.; vgl. auch S. 25 ff.

seine Ware und der Verkäufer nimmt eine Rimesse an Zahlungsstatt entgegen, indem er seine Forderung nunmehr als beglichen betrachtet. Sein Resultat ist wörtlich folgendes: „Der trassierte Wechsel entspricht seiner obersten Bestimmung im Geschäftsleben der Kaufleute als Zahlungsmittel aufzutreten und Geld zu repräsentieren dadurch, daß er ein in hohem Grade zuverlässiges Gelöbnis des Ausstellers enthält, daß die Einlösung des Papiers mit der verschriebenen Summe in der angegebenen Sorte am bezeichneten Orte und zur festgesetzten Zeit erfolgen werde, und dieses Versprechen erreicht diese Bestimmung dadurch, daß es nicht als ein einem Individuum erteiltes, sondern als ein dem gesamten Publikum gegenüber abgegebenes betrachtet wird, welches daher von jedem auf sich bezogen werden kann, welcher das Instrument, den Träger des Versprechens, in seine Hände bekommt."

Mit Recht hat man wohl gegen diese Theorie eingewendet, daß sie zwei Dinge identifiziere, die nur eine gewisse Ähnlichkeit mit einander haben. Man legte besonderes Gewicht darauf, daß die Grundlage der Einert'schen Lehre eine unrichtige sei, indem man dabei an den Ausgangspunkt Einerts anknüpfte, daß nämlich wie der Staat, so auch der „Mann von Celebrität" namentlich im Handelsstande ein Papiergeld creieren könne, wenn er nur Sicherheit dafür gewähre, daß die Verwandlung in klingendes Geld zu einer gewissen Zeit erfolgen würde. Dem hielt man zutreffend entgegen, daß das Papiergeld ein wirkliches Geldsurrogat sei, zu dessen Annahme regelmäßig jedermann verpflichtet ist und das thatsächlich und rechtlich niemals eingelöst wird. Doch wie? Wäre diese Theorie denn richtig, wenn Einert statt von Papiergeld nun wirklich von Banknoten gesprochen hätte, ohne sonst in seiner Formulierung Änderungen vorzunehmen! Denn die Banknote ist Zahlungs- und Forderungspapier zugleich. Ihre Einlösung kann, wie die eines Vista-Wechsels, jederzeit gefordert werden; niemand aber ist verpflichtet, sie an Zahlungsstatt [1]) anzunehmen. Hätte also diese doch nur sehr wenig von der Einert'schen abweichende Formulierung genügt, um das Wesen des Wechsels und seine Funktion im Verkehr zu erklären und damit seine juristische Behandlung in das richtige Licht zu setzen? Diese Frage ist entschieden zu verneinen. Richtig ist es gleichwohl, daß eine Wechselgesetzgebung bei der Regelung der Rechtsverhältnisse für die Indossanten von der Einert'schen Auffassung ausgehen muß, daß letztere also in diesem Punkte einen sehr gesunden Kern enthält. Unaufgeklärt bleibt bei derselben nur der zweite und sehr erhebliche Bestandteil des Wechselversprechens, nämlich die Rechtsstellung des Acceptanten, für welche weder die Banknote noch das Papiergeld einen Anhaltspunkt gewährt. An dieser Stelle sei hierüber nur noch das Eine gesagt, daß der Wechsel unsres Erachtens eine doppelte Funktion ausfüllt, daß man nämlich zu scheiden hat zwischen dem Wechsel als formalkontraktliches obligatorisches Versprechen und dem Wechsel als Umlaufsmittel des Verkehrs. Die erste Seite betrifft das hier nicht weiter in Betracht kommende Rechtsverhältnis zwischen Aussteller und Acceptanten, die zweite Seite hinwiederum die Rechtsstellung der Indossanten, deren Behandlung uns in der deutschen Wechselordnung lediglich nach dem Gesichtspunkte, daß der Wechsel ein Zirkulationsmittel sei, geregelt zu sein scheint. Es ist daher völlig gerechtfertigt, den Wechsel in seiner Funktion im Verkehr mit der Banknote zu vergleichen.

Auf S. 43 begegnet man bei Walcker bitteren Beschwerden darüber, daß die Bank, welche Noten emittiert, zinslose Darlehen bei den armen Klassen der Bevölkerung aufnehme, die sie dann — was wir uns hinzuzufügen erlauben — nicht selten eben jenen Leuten verzinslich wieder vorstreckt. Die Unhaltbarkeit solcher For-

---

1) Anders freilich in England; aber die von uns angegebenen Merkmale entsprechen der theoretischen Auffassung dieses Wertzeichens und der deutschen Gesetzgebung.

mulierungen bedarf keiner Erläuterung. Wir kämen durch dieselben zu der Konsequenz, daß derjenige, welcher eine Reichsbanknote von 100 Mark in seiner Börse hat, der Deutscheu Reichsbank ein Darlehen von 100 Mark gemacht habe, ungeachtet daß in ihren Kellern ein Barschatz von 600 Millionen Mark zur Einlösung der umlaufenden Noten bereit liegt.

Je weiter man liest, um so unerquicklicher werden diese ebenso geistreich ausgestatteten als undurchdachten Thesen, wie z. B. „der Einwand, daß man ohne Wechsel für die Bezahlung [1]) und Assekuranz der Edelmetallsendungen mehr Geld brauchen würde, ist nicht stichhaltig; denn ohne Wechsel würden überhaupt die Umsätze viel kleiner sein.“ (sic!!) Es wird hier eifrigst versucht, den Beweis zu erbringen, daß Wechsel nicht dazu geeignet sind, den Verkehr mit barem Gelde zu beschränken. Daß sich Walcker hier selbst widerspricht, thut nichts zur Sache. Auf S. 49 betont er scharf den Geldcharakter der Noten und die Fähigkeit der letzteren, den Umlauf baren Geldes zu ersetzen; S. 33 wird davon gesprochen, wie Banknoten und Wechsel sich fortgesetzt gegenseitig im Verkehre verdrängen. Folgt hieraus nicht ohne weiters, daß auch der Wechsel bares Geld im Verkehre ersetzen kann?

Wir begnügen uns mit dem Gesagten und hoffen, daß schon hieraus hervorgehen werde, wie von uneingeweihter Seite dieser Gegenstand, zu dessen richtiger Würdigung Erfahrungen aus der Praxis unerläßlich sind, in Verwirrung gebracht worden ist. Zu entschuldigen sind diese sonderbaren Argumentationen nur insofern, als man auf deren Keim zurückgehend das Bestreben entdeckt, Krisen entgegenzuarbeiten, wie sie das Jahr 1873 mit sich brachte, deren verheerende Folgen den Gelehrten mit Besorgnis erfüllen. Wenn er jedoch nun versucht, von dem Katheder aus sich ein klares Bild zu machen, wo die Wurzeln jener Ereignisse zu suchen sind, so wird diese schwierige Frage nur zu oft einseitig gelöst und

---

1) Soll heißen: für Zahlungen.

ein vielleicht ebenfalls bei dem Unheil mitwirkender Faktor zur Hauptsache gemacht. Im vorliegenden Falle ist es überdies leicht, den Trugschluß zu entdecken, welcher sich in den Konsequenzen der Notengegner verrät. Da kleine Zettelbanken oft ein gefährliches Spiel treiben und große ihre Aufgabe zeitweise verkannten, so sei die Banknote auf ewig verdammt und an ihre Stelle trete in reiner Lauterkeit der Münzschein.

Wir überlassen es unsern Lesern, an der Hand der nachfolgenden Statistik selbst darüber zu urteilen, inwieweit jener Rat, nur voll durch bar gedeckte Wertzeichen zirkulieren zu lassen, berechtigt sei. 300 Millionen Mark[1]), wo nicht mehr, müßten in dem Volkskapital völlig lahm gelegt werden, ohne daß hierzu unter der Herrschaft einer Bankordnung, wie sie bei uns besteht, auch nur die geringste Notwendigkeit vorliegt!

Gesamtsumme
des ungedeckten Notenumlaufes am Ende des jeweilig angegebenen Jahres:

	in 1000 Mark
1876	296 539
1877	305 306
1878	239 578
1879	291 430
1880	312 745
1881	393 038
1882	339 438
1883	329 610
1884	400 777
1885	295 887.

Ende des Jahres 1875 bezifferte sich der ungedeckte Notenumlauf in 1000 Mark auf 392 286 Mark.

1) Dazu müßte man konsequent 120 Millionen Mark für die Reichskassenscheine hinzurechnen, bzw. 137 Millionen nach dem gegenwärtigen Stande.

Gewiß erscheint es gleichwohl vielen recht wünschenswert, daß auch die in Papier umlaufenden Zahlungsmittel metallisch voll gedeckt seien, und es läßt sich nicht einmal leugnen, daß die Ausführbarkeit dieses Gedankens bei der gegenwärtigen Lage der Dinge in den Bereich des Möglichen gehört. Daß ein solches System aber haltbar sei und sich namentlich in kritischen Zeiten bewähren könne, muß wohl unbedingt verneint werden; vergeblich suchen wir hierüber bei Walcker Aufklärung; es scheint, daß sich die Verteidiger der Münzscheine über diesen wichtigsten Punkt ihrer Lehre sorglos hinwegsetzen. Sehen wir aber selbst von einer die gesamte Handelswelt erschütternden Krisis ab, obwohl eine solche eigentlich der Probierstein für derartige Neuerungen sein müßte, und stellen wir uns vor, es gebe eine Mißernte im gesamten Deutschen Reiche, nachdem dasselbe unter Aufhebung der ganzen Zettelbankwirtschaft zu vollgedeckten Münzscheinen übergegangen. Vom Auslande muß das fehlende Getreide bezogen werden. Es entsteht dadurch für dasselbe eine Forderung an uns, sagen wir von nur 500 Millionen Mark, die beglichen werden muß. Daß unsere Industrieerzeugnisse hier nicht durch größeren Export den erhöhten Import namentlich in Zeiten solcher Teuerung aufzuwiegen vermögen, begreift ein jeder, und es bleibt nichts andres übrig, als in klingender Münze unsre Schuld zu entrichten. So sinkt denn unsre Geldzirkulation in einem Jahre um 500 Millionen Mark oder der Verkehr des Inlandes ist um nahezu den dritten Teil seiner früheren Tauschmittel ärmer geworden. Folgeweise werden auch unsre Verkehrsumsätze eine sehr erhebliche Einbuße erfahren. Denn, wenn es selbst denkbar wäre, durch den Rekurs auf Abrechnung und Umschreibungen diesem Übel möglichst zu steuern, so bleibt doch vorerst fraglich, ob sich in dieser Hinsicht eine bedeutende Erweiterung würde durchführen lassen. Träfe dies nun auch zu, so könnte die Lücke gleichwohl nur zu einem sehr kleinen Teile selbst im günstigsten Falle ausgefüllt werden; es müssen sohin unsre Umsätze ganz außerordentlich leiden, da wir ja zum Naturaltausch nicht übergehen können und für den freien Verkehr dessen unentbehrliches Substrat, die große Tauschmaschine, das Geld gebricht. Daneben tritt dann ein horrendes Steigen des Zinsfußes ein, wodurch manche schaffenslustige Kraft lahm gelegt wird, weil sie bei der schweren Zinslast keine produktive Thätigkeit zu entdecken vermag.

Wie gestalten sich nun die Verhältnisse gegenwärtig bei einem solchen Vorfall. Auch wir müssen unwiderruflich ans Ausland zahlen, auch wir sind genötigt, unsern Metallschatz um diese hohe Summe zu verringern. Die Folge davon ist eine bedeutende Erhöhung des Zinsfußes und zumeist auch eine Verteuerung der Industrieerzeugnisse, Folgen, die hier wie dort unvermeidlich sind. — Übrigens könnte es sich sehr wohl ereignen, daß bei dem Stande der Wechselkurse, die unter den unterstellten Verhältnissen sich für uns sehr ungünstig gestalten müßten (wenn wir hier, um die Sache nicht zu komplizieren, von der Einwirkung der auf den Markt kommenden Wertpapiere absehen und uns vielmehr insofern auf den Standpunkt einer isolierten Wirtschaft stellen), gewissermaßen ein vorübergehender Schutzzoll für unsre Industrie sich ergeben würde, die nunmehr durch gesteigerte Exportfähigkeit möglicherweise eine Ausgleichung des Defizits zu bewirken im stande wäre. Indes bleibt diese Wirkung für die Teuerungszeit selbst jedenfalls sehr fraglich, wäre jedoch bei Münzscheinen, wo Zahlung in bar nicht Banknoten geleistet wird, nach unten stehender Ausführung völlig undenkbar [1]). — Zweifellos jedoch stehen wir bei

1) Denn gesetzt, daß auch hier Zahlung an das Ausland in Wechseln geleistet würde und sich ein starkes Ausgebot deutscher Wechsel auf dem internationalen Geldmarkte fühlbar machte, so wäre unser Wechselkurs immerhin lediglich durch das Gegeneinanderwirken von Ausgebot und Nachfrage beherrscht. Unter den gegenwärtigen Verhältnissen spielt aber bekanntlich noch ein anderer, sehr gewichtiger Faktor mit, der namentlich in kritischen Zeiten auch dem weniger scharfen Beobachter nicht zu entgehen vermag, der Kredit des Staates oder — was praktisch auf das nämliche herauskommt — seiner fiktiven Wert-

dem Banknotensysteme nicht in dem ganzen Umfange unsrer wirtschaftlichen Thätigkeit unter dem Zwange unsrer Umlaufsmittel. Wir können dieselben vermehren, um das Mißverhältniß einigermaßen auszugleichen, können uns fiktiver Wertzeichen bedienen und dadurch den Zinsfuß weit niedriger halten als unter dem straffen Gesetz der vollmetallischen Deckung, wo das Geld gewissermaßen uns, nicht wir den Barvorrat beherrschen. Das Schicksal der englischen Bankverfassung in den Krisen der Jahre 1847, 1857 und 1866 dürfte für die Richtigkeit dieser Ausführungen im Wege der Analogie zum Beweise dienen können [1]).

Sodann aber mögen die Anhänger der Münzscheine nicht vergessen, daß wir bei unserm Zettelbankwesen mit historisch entstandenen Zuständen zu rechnen haben. Wohl mag es auch bei diesen angebracht sein, zu bessern, wo sie schadhaft geworden sind. Aber nimmermehr darf man gewaltsam den Lauf des Stromes ändern, der in das richtige Bett durch die Natur selbst gelenkt wurde.

Wir können uns daher auch kaum zu dem allerdings von Wagner (Zettelbankreform S. 6) ausgesprochenen Verdachte bekennen, daß man im Reichskanzleramte prinzipiell auf den Umlauf nur gedeckter Noten hinarbeite, was wenigstens durch das Bankgesetz in seiner gegenwärtigen Gestalt nicht bestätigt ist. Freilich war Wagner zu seiner Behauptung durch die ungerechtfertigte 1 prozentige Notensteuer des Entwurfes veranlaßt. Wir finden aber wohl dafür, daß die Regierung sich mit solcher Energie die Beschränkung der Zettelbanken zu ihrer Aufgabe machte, die natürlichste Erklärung in den die Gemüter noch völlig beherrschenden Nachwehen der 1873er Krisis, deren Ursache man am ehesten in der leichtsinnigen Banknotenfabrikation gefunden zu haben meinte.

---

zeichen. Dieses Moment fällt offenbar fort, wenn — wie bei dem Systeme der Münzscheine — unsere Schulden nur mit klingender Münze beglichen werden.

1) Vgl. diesbezüglich S. 64.

Gewiß ist diesen Fehlgriffen, in denen die Preußische Bank den Ton angab [1]) (?), die kleineren Zettelbanken „wohlgemut" folgten, ein guter Teil der Schuld an jener Krisis beizumessen. Die einzelnen Thatsachen, welche dieselbe sonst heraufbeschworen, darzulegen, liegt nicht in dem Bereiche dieser gedrängten Darstellung. Nur soviel wollen wir bemerken: weit erheblicher als jener Faktor dünkt uns der Einfluß der durch die Regierung selbst in die Massen geworfenen Milliarden, ein Gegenstand, den Bamberger unsres Wissens zuerst in das richtige Licht gezogen hat [2]).

Zum Glück hat in jener Epoche der Reichstag einem Gesetze vorgebeugt, welches dem Aufblühen des Handels hätte einen Damm entgegensetzen müssen und die Aussicht auf eine Erholung nach der verhängnisvollen Spekulationsperiode in eine weite Ferne hinausgerückt haben würde. Die 5 prozentige Steuer für die ganze nicht durch bar gedeckte Notenmenge abzüglich des der Bank zugestandenen steuerfreien Betrages [3]), welche auch bereits in den Entwurf aufgenommen und thatsächlich zum Gesetze erhoben wurde, würde man vielleicht vielfach in ihrer prinzipiellen Berechtigung günstiger beurteilt haben, wofern sie nicht in Verbindung mit der 1 prozentigen Steuer an das Tageslicht getreten wäre.

Allerdings läßt es sich nicht leugnen, daß bei der Vorschrift der herkömmlichen Drittelsdeckung, welche auch unser Bankgesetz sanktioniert, in Verbindung mit der 5 prozentigen Steuer, welche eine Neuerung desselben ist, ein Widerspruch in den gesetzgeberischen Prinzipien entsteht. Es wird dies leicht begreiflich, wenn man erwägt, daß bei einer konzessionierten steuerfreien Notenmenge von 250 Millionen Mark auf Grund eines Barvorrates von 125 Millionen ohne Steuerzahlung Noten bis zum Betrage von

---

1) Ein in den Reichstagsberatungen zum Bankgesetz vielfach kundgegebener, aber wohl völlig unbegründeter Verdacht (auch Camphausen im Reichstag).

2) Vgl. auch die anregende Darstellung Soetbeers bei Holtzendorff und Oncken III[1].

3) Vgl. Bankgesetz § 9 Abs. 1.

375 Millionen Mark zirkulieren dürfen, also das Dreifache des Barbestandes. Steigt dieser auf 300 Millionen Mark, so zirkulieren ceteris paribus höchstens 550 Millionen steuerfrei, also nicht einmal das Doppolte des Barfonds. Bei 500 Millionen Deckung ergibt sich als höchster Gesamtumlauf ein den Barvorrat nur um die Hälfte übersteigender Betrag u. s. f. Gleichwohl liegt es offenbar gemäß §§ 17 und 44 Abs. 3 des Bankgesetzes in der Absicht des Gesetzgebers, die Höhe des gesamten Notenumlaufes in ein entsprechendes Verhältnis zum jeweiligen Metallvorrate zu setzen; wie sich aus obigen Beispielen aber ergibt, bewirkt die hinzutretende Steuerkontingentierung, daß, je geringer der Barfonds, desto größer pro rata die Notenzirkulation ausfällt.

Wir wissen wohl, daß trotz dieses theoretischen Widerspruches sich zur Rechtfertigung der Bankgesetzgebung in ihrer gegenwärtigen Gestalt anführen lasse, es habe der Gesetzgeber den Umlauf eines bestimmten Betrages ungedeckter Noten für zulässig und hinreichend erachtet, einer Erhöhung aber entgegenzuwirken gesucht. Die Vorschrift der Drittelsdeckung jedoch diene lediglich dazu, für den Gesamtumlauf eine hinreichende Deckungsquote zu haben, und die Wahl gerade dieser Proportion erkläre sich aus der bis zum Erlaß des Bankgesetzes eingebürgerten Praxis.

Übrigens findet sich eine Andeutung des oben ausgeführten Widerspruches bereits bei Slevogt[1]). Sein auf Seyd zurückzuführender Gegenvorschlag einer jedesmaligen Erhöhung des Zinsfußes, wenn der Barvorrat um einen gewissen Prozentsatz gefallen ist, wozu auch ein festes Schema entworfen wird, konnte nicht ohne ernstliche Kautelen gebilligt werden. Man müßte nämlich daneben — was wohl auch Seyd anerkennt — dem freien Ermessen eines in zuverlässigster Art zusammenzusetzenden Direktoriums den weitesten Spielraum gewähren, welches namentlich von solchen Verminderungen des Barbestandes keine Notiz nehmen sollte, die

1) Slevogt, Das Notenrecht der Reichsbank S. 21.

sich nachweislich zu bestimmten Zeiten wiederholen und regelmäßig von selbst eine schleunige Remedur erfahren, so daß Diskontoerhöhungen um halbe Prozente, wie sie das Slevogt'sche Schema vorschlägt, in der Praxis regelmäßig zu vermeiden wären. Jedoch gerade infolge jener Modifikationen, welchen der Seyd'sche Vorschlag unterliegt, erheben sich Bedenken, die für die Praxis schwer ins Gewicht fallen mußten. Es wäre nämlich damit thatsächlich die ganze Diskontopolitik in das Gutdünken der Direktion gestellt. Und es muß doch gefahrvoll erscheinen, ohne eine besondere Garantie und Erprobung der unbedingten Zuverlässigkeit, praktischen Erfahrung und des banktechnischen Gefühls eine so verantwortungsvolle Aufgabe in die Hand eines Bankvorstandes zu legen; um so mehr aber war dieser Faktor im Jahre 1874 zu berücksichtigen, als es sich um ein Zettelbank- nicht Reichsbankgesetz handelte, d. h. mit anderen Worten, da man mit einer großen Zahl von Banken zu rechnen hatte.

Sonach muß man der indirekten Kontingentierung in Gestalt der zum Gesetze erhobenen 5prozentigen Steuer ihr Recht widerfahren lassen. Man stand — wie gesagt — nicht allein der Reichsbank gegenüber, sondern nicht weniger als 33, darunter auch sehr kleinen Zettelbanken und konnte nicht der Redlichkeit sämtlicher auf gut Glück trauen. Und es war jedenfalls ratsamer, eine Steuer anzuordnen, als sich des straffen Gesetzes der Peel'schen Akte zu bedienen.

So gewiß unsre Steuerkontingentierung aus demselben Prinzip geflossen ist als jenes englische Gesetz, so sicher steht es fest, daß unsre Gesetzgebung einen wesentlichen Fortschritt bedeutet. Dort nämlich fixierte man im Jahre 1844 den Betrag von ca. 14 Millionen Pfund Sterling als höchste Ziffer des ungedeckten Notenumlaufes, über welche hinaus jede Note der englischen Bank durch bar gedeckt sein müsse. Weder ein Deckungsverhältnis für den Gesamtumlauf der Banknoten wurde festgesetzt noch ein solches der gedeckten zu den ungedeckten, sondern lediglich diese eine Bestimmung getroffen, durch welche man auf mechanischem Wege genugsam die Diskontopolitik der Bank in die richtige Bahn zu lenken sich versprach. Um dies noch sicherer zu erreichen, wurde selbst eine „architektonische" Trennung der Notenabteilung (issue department) von der Bankabteilung (banking department) vollzogen. Erstere wurde ermächtigt bis 14 Millionen Pfund ungedeckte Noten in Umlauf treten zu lassen, darüber hinaus aber solche nur gegen bar zu verabfolgen und umgekehrt präsentierte Banknoten gegen bar einzulösen, um dieselben alsdann sofort zu vernichten. Es ergibt sich sonach jederzeit aus dem Stande der Notenabteilung, wie weit die Reserve in Angriff genommen sei, und man erhöht den Zinsfuß, sobald sie infolge starker Metallabzüge erheblich sinkt. Die andre Abteilung befaßt sich lediglich mit den Bankgeschäften und bezieht ihren Notenbedarf aus dem Issue Department.

Sehr begreiflich ist es, daß die Bank und das mit ihr verkehrende Publikum unter dem Einfluße einer solchen Gesetzgebung zu Zeiten einer Krisis außerordentlichen Gefahren ausgesetzt sind, sobald für die an die Bankabteilung herantretenden Geschäfte das gesetzlich bewilligte und fest begrenzte Notenmaterial nicht ausreicht und der Geschäftsmann wohl oder übel zurückgewiesen werden muß, wenn er sich wegen Darlehen auf Wechsel oder Faustpfand an die letzte Hilfsstätte wendet. So mußte denn auch bereits dreimal 1847, 1857 und 1866 das Gesetz im Verordnungswege durch die Regierung suspendiert werden.

Die 5 prozentige Steuer, welche bei uns an Stelle einer festen Begrenzung gewählt worden ist und der Bank die Möglichkeit freigibt, selbst in den stürmischsten Zeiten etwa mit 5½ % zu diskontieren, ist daher als eine glückliche Kombination anzusehen, um die Anlegung der Zinsschraube zu erzwingen, ohne damit zugleich auf die Verkehrswelt einen unverantwortlichen Druck auszuüben.

Daß unser Bankgesetz für die Reichsbank hätte eine Ausnahme statuieren sollen, wie Wagner[1]) verlangte, konnte man bei der Lage der Dinge vom Standpunkte der Gerechtigkeit aus nicht zugestehen. Wie aber soll sich die Sachlage nach Beseitigung der 30 kleinen Institute gestalten? Hier ist es nun nicht mehr schwer, die richtige Antwort zu geben. Schon im Jahre 1874 sprach sich Bamberger auf dem volkswirtschaftlichen Kongresse zu Krefeld mit Recht für eine Reichsmonopolbank mit gesetzlich unbegrenztem Emissionsrechte aus. Leider muß die völlige Verwirklichung auch dieses Planes der Zukunft überlassen bleiben, insofern das Fortleben der beiden Zettelinstitute Bayerns und Sachsens als solcher unentbehrlich ist. Aber auch für diese beiden Institute kann man füglich die Kontingentierung entbehren und dieselbe nunmehr aus dem Gesetze streichen. Es ist dies um so wichtiger, als es dadurch der Reichsbank ohne Kalamitäten ermöglicht wird, die beseitigten Banken zu ersetzen. Man wird einem so bewährten Institute zutrauen dürfen, daß es hierbei stets innerhalb der Grenze eines gesunden Geschäftsbetriebes schalten und sich des Vertrauens würdig erweisen werde, das man ihm entgegenbringt.

---

§ 8.

Leitung und Beaufsichtigung der Reichsbank.

Es ist im Vorangehenden stets offen anerkannt worden, daß die Reichsbank sich in sehr rühmlicher Weise um die Interessen des deutschen Verkehrs verdient gemacht habe. Aber die weitere Frage, ob sie vermöge der ihr gebotenen Mittel nicht noch viel mehr hätte leisten können, ob sie sich nicht in mancher Hinsicht ihre Aufgabe zu leicht gemacht habe, mußten wir wiederholt unerledigt lassen und wollen sie hier nur gerade heraus verneinen, indem wir diesbezüglich auf die alsbald folgenden Ausführungen[2])

1) Die Zettelbankreform im Deutschen Reiche S. 109.

2) Vgl. § 9.

verweisen. Die Keime dieses Mangels sind nach unserer Ansicht in der Organisation des Instituts zu suchen; sie wurzeln in den §§ 12, 23 und 25 bis 27 des Bankgesetzes. Wir haben uns zu wiederholten Malen wundern müssen, daß die wissenschaftliche Kritik, welche mit unermüdlichem Nachdruck immer von neuem gegen die doch thatsächlich sehr unbedenkliche Steuerkontingentierung ankämpft, es noch nie für wert hielt, an diesem Punkte zu rütteln.

Daß man im Reichstage darüber hinwegging, ist uns eher begreiflich; denn die Männer, die allein den nötigen Scharfblick besaßen, hatten erst mit großer Mühe für die Errichtung des Instituts selbst zu ringen und mochten nun nicht dessen wirkliches Entstehen, welches bereits als eine Konzession der Regierungen anzusehen war, selbst erschweren. Dies kann man deutlich bestätigt finden, wenn man den Kommissionsbericht über die Vorberatung des Bankgesetzes verfolgt, und wir verweisen hier der Kürze halber auf die diesbezüglichen Motivierungen[1]) des Berichterstatters Bamberger. Diese lehnen sich zwar in ihrem Zusammenhange an die Kontingentierung an, sprechen aber in recht bezeichnender Weise und mit unverkennbarem Bedauern von einem Verzicht auf einen Teil der „Grundanschauungen", welche sich bei einer Anzahl von Kommissionsmitgliedern gegen den Entwurf der Regierung richteten. Denn daß Bamberger auch in diesem Punkte der Banktechnik das durch die Praxis gebotene richtige Urteil hat, zeigt sich aus den wenigen Worten in seiner Zettelbankreform, die wir hier wörtlich anführen: „Die kaufmännische Leitung (sc. bei einer Zentralbank) ist unentbehrlich, so sehr, daß, wäre man vor die Alternative gesetzt: ob nur kaufmännische Oberleitung oder nur staatliche entschieden für ersteres Regiment gestimmt werden müßte." Und wem auch Bamberger nicht maßgebend erscheint, der wird vielleicht dem guten Beispiele Englands trauen, welches

1) Abgedruckt in Soetbeers „Deutsche Bankverfassung" bei C. Bezold, Die Gesetzgebung des Deutschen Reiches. Zweiter Teil, Bd. 1 S. 249.

nur Kaufleute an die Spitze seiner Bank stellt [1]). Wo aber bietet sich irgend eine Verwertung dieses Prinzips in unserm Bankgesetze? Unsre Reichsbank ist infolge der oben citierten Gesetzesbestimmungen ein Privatunternehmen geworden, welches dem Kommando des Reichskanzlers unterstellt ist. Die staatliche Aufsicht wird unter seinem Präsidium von einem Bankkuratorium ausgeübt, bestehend aus vier Mitgliedern, von denen drei der Bundesrat, eines der Kaiser ernennt. Dies hat vierteljährlich einmal über den Geschäftsgang Bericht und Rechenschaft entgegenzunehmen. Einer möglichen Einwirkung auf Änderungen im Geschäftsbetriebe des Instituts ist im Gesetze nicht gedacht. Offenbar liegt in dem § 25 unsres Bankgesetzes, welcher die eben gedachten Bestimmungen enthält, eine bedauernswerte Verschlechterung gegenüber § 42 der ehemaligen Bankordnung der Preußischen Bank, den wir hier wörtlich wiedergeben: „Das Bankkuratorium wird künftig bestehen: a) aus dem Präsidenten des Staatsrates, b) aus dem jedesmaligen Justizminister, c) aus dem jedesmaligen Finanzminister, d) aus dem jedesmaligen Präsidenten des Handelsamtes, e) aus einem fünften Mitgliede, welches Wir besonders ernennen. — Dasselbe versammelt sich vierteljährlich. Die Verhandlungen werden zur weitern Nachachtung protokollarisch niedergeschrieben."

Die dem Reiche zustehende Leitung ist bei uns einzig in die Hand des Reichskanzlers gelegt. Das ihn hierbei unterstützende Reichsbankdirektorium hat überall seinen Vorschriften Folge zu leisten und wird in seiner gesetzlich nicht festgestellten Mitgliederzahl auf den Vorschlag des Bundesrates durch den Kaiser ernannt.

Den Einfluß des Zentralausschusses, welcher lediglich eine beratende Stelle vertritt, können wir füglich unberücksichtigt lassen, da er in der Sache selbst nichts zu ändern vermag.

---

1) Eine sehr anschauliche Darstellung hinsichtlich dieses Punktes findet sich bei Walter Bagehot a. a. O. S. 208—242. — Zu vergleichen sind auch Wagner, System der Zettelbankgesetzgebung S. 490 Anm. 934 nebst den dort citierten Belegen aus Christians Bankgeschäft.

Die negativen Resultate der Bank hinsichtlich ihres Geschäftsumfanges, der — wie der Praxis wohl bekannt ist — durchaus nicht mit den ihr zur Verfügung stehenden Mitteln im Einklang steht, sind der sprechendste Beweis für die gerügten Mängel in ihrer Organisation. Man wird vielleicht dagegen einwenden, es habe sich das Wechselportefeuille der Reichsbank nach dem mittleren Stande des Jahres 1885 auf mehr als 388 Millionen Mark beziffert, was doch wohl kaum auf eine geringfügige Geschäftsausdehnung schließen lasse. Allein es ist gewagt, aus dieser Ziffer ohne weiteres Folgerungen zu ziehen. Wir wissen ja nicht, ein wie großer Betrag in der genannten Summe bloß aus „kurzsichtigen" Inkassorimessen bestehe, die der Bank nur zum Einzuge giriert werden, nicht zur Diskontierung, welche Abschnitte von mindestens sechswöchentlicher Sicht voraussetzt. Man wird diese Entgegnung um so begreiflicher finden, wenn man weiter bedenkt, daß der Reichsbank ganz außerordentlich große Posten von Inkassorimessen zuströmen, teils weil ihre Inkassosätze sehr günstig sind, teis weil die Geschäftsabwickelung am bequemsten ist, wenn man sich ihrer bedient und den baren Gegenwert für die eingereichten Rimessen von ihr mit Ersparung der oft weitläufigen Korrespondenzen und des Risikos einer direkten Einkassierung ohne Aufschub in Empfang nehmen kann. Hierzu kommt eine erst vor ganz kurzer Zeit in Kraft getretene Ermäßigung des Inkassotarifes. Es wäre sehr unpassend, diesen Maßnahmen unsre Anerkennung zu versagen, welche für die Reichsbank um so näher lagen, als ihr die Mittel zu denselben durch ihr reiches Filialnetz geboten waren. Aber bedauernswert ist auf der andern Seite, daß vornehmlich im südlichen und westlichen Deutschland die Reichsbank, statt eine Herrscherin auf dem Diskontomarkte zu sein, sich mit der Rolle einer inländischen Kassiererin begnügte.

Unrichtig ist es wohl auch anzunehmen und widerlegt durch die alltägliche Praxis, daß das Beamtentum der Reichsbank in Wirklichkeit aus kaufmännisch geschulten Männern zusammengesetzt sei, ohne daß man dies auch im Gesetze auszudrücken für nötig hielt. Kaufmann in unserm Sinne ist natürlich nicht eine gut eingearbeitete Maschine, welche nach langjährigem Drücken eines Bankstuhles trefflich Zinszahlen zu rechnen und korrekt Buchungen auszuführen erlernt hat. Gleichwohl kann man nur diesen Schlag denken unter den von dem ehemaligen preußischen Handelsminister von der Heydt im Abgeordnetenhause rühmlichst citierten, aus dem Handelsstande entnommenen Beamten der Preußischen Bank, die dafür bürgen, daß es an der nötigen Sachkenntnis in dem Geschäftsbetriebe nicht fehle. Wir betonen deshalb ausdrücklich, daß man von einer kaufmännischen Leitung nur da sprechen könne, wo erfahrene Männer an der Spitze eines Institutes stehen, welche mit geschäftsmännischer Intelligenz und scharfem Kennerblick für die Beurteilung der oft so schwer taxierbaren Kreditverhältnisse ausgerüstet sind. Die große Lücke gerade in dieser Hinsicht bei unsrer Reichsbank verrät — wie angedeutet — nach unserm Dafürhalten die Thatsache ihrer geringfügigen Geschäftsausdehnung in Süddeutschland, wo allein sie eine Konkurrenz antraf, die man allerdings nicht ohne kaufmännisches Talent aus dem Felde schlagen konnte. Man glaube nicht, wir wollen der Bank zumuten, sie solle den Geschäften nachlaufen, was eines solchen Instituts unwürdig wäre, obwohl dieses Mittel von unsrer Reichsbank angewendet wurde, vielleicht weil man hierdurch allein per aspera ad astra zu gelangen hoffte. Beamte der Reichsbanknebenstellen ließen an ihnen bekannte Firmen nach den Berichten der Frankfurter Zeitung Diskontoofferten gehen, in welchen Häuser verzeichnet standen, auf welche die Bank Rimessen zum Privatsatze diskontiere. Unsre diesbezüglichen Gegenvorschläge gibt der folgende Paragraph, und wir glauben, daß man es bei ihrer Befolgung dazu bringen werde, daß der Handel die Reichsbank suche, nicht sie sich ihm vergeblich anbiete.

An dieser Stelle sei nur noch kurz erwähnt, daß der preußische Handelsminister und ein aus vier bewährten Männern der Kaufmannschaft bestehendes Bankkuratorium mit der Befugnis versehen, geeignete Maßregeln der Begutachtung des Direktoriums zu unterbreiten, hier wohl viel eher zum Ziele führen werde, als der wiederholte Rekurs auf die doch nicht in Wahrnehmung aller Reichsinteressen unfehlbare Person des jeweiligen Reichskanzlers. Das Direktorium aber selbst müßte ebenfalls mindestens zu einem Drittel aus kaufmännischen Elementen zusammengesetzt sein.

Wir können nicht umhin, zur Bestätigung des Gesagten das Urteil eines Mannes anzuführen, der hier vermöge seines tiefen Studiums der Bankgeschichte aller deutscher Länder allein oder wenigstens vor allen andern gehört zu werden verdient, wir meinen Poschinger, der — wie seinen Lesern wohl bekannt sein wird — selten seine Ansicht kund gibt und schon in der Einleitung seines umfangreichen Werkes erklärt, er habe seine Meinung in den Hintergrund treten lassen und sich mit der Wiedergabe der Thatsachen [1]) begnügt. Aber gerade über unsern Punkt findet sich bei ihm eine vollkommen zutreffende und bezeichnende Charakteristik. Wir geben dieselbe deshalb wörtlich wieder [2]):

„Daß sich der Reichskanzler, der für die Leitung der Bank politisch verantwortlich ist, in die letztere nicht über das Maß des Bedürfnisses einmische, dafür sorgt die Überlastung desselben mit den übrigen Regierungsgeschäften."

Pflichten wir dieser übrigens sehr schonungsvollen Kritik bei, so ergeben sich aus ihr zwei für unsere Frage entscheidende Schlüsse.

1. Es ist zu befürchten, daß sich der Reichskanzler zu viel mit den Angelegenheiten der Bank beschäftige.
2. Die Inanspruchnahme des Reichskanzlers durch andere Regierungsgeschäfte wird es ihm (hoffentlich) unmöglich machen, der Reichsbank ein besonders waches Auge zuzuwenden.

---

1) Unzweifelhaft gelingt dies dem Verfasser in seiner ebenso schlichten und einfachen als anziehenden und erschöpfenden Darstellung, wenngleich man vielleicht hier und da seine eigene Meinung ungern vermißt.

2) Poschinger, Bankgeschichte Preußens Bd. 2 S. 32.

Berücksichtigt man hierbei, daß nach dem Inhalte des Bankgesetzes nicht, wie Poschinger meint, bloß die politische Verantwortlichkeit auf den Reichskanzler übertragen ist, sondern vielmehr die dem Reiche zustehende Aufsicht und Leitung [1]) des Unternehmens, so können wir nunmehr den sichern Schluß ziehen, daß der Bau unsrer Reichsbank in seinem Fundament eine Lücke hat, für deren Ausfüllung ohne Aufschub Sorge getragen werden muß, wofern das ersehnte Ziel einer den Geldmarkt des Deutschen Reiches in allen seinen Teilen beherrschenden Monopolbank erreicht werden soll. Gerade der Punkt, durch welchen das Zentralinstitut zu dieser seiner Bestimmung geführt zu werden vermochte, ist im Gesetze unbeachtet gelassen oder wenigstens oberflächlich behandelt worden. Denn in erster und letzter Instanz basiert dieses Resultat nicht in der Zahl der Reichsbankfilialen oder der Höhe des Barvorrates, in welchen beiden Punkten sich freilich die Bank als echt politisches und vortrefflich geleitetes Institut bewährt hat, sondern in der Möglichkeit, dem Handel die von den beseitigten Banken gewährten Vorteile zu bieten oder vielmehr jene Banken darin dermaßen zu überbieten, daß ihre Forteristenz als überflüssig erscheinen muß.

Gewiß ist ein wesentlicher Faktor zu diesem Ziele auch die möglichste Ausdehnung des Inkassogeschäftes, aber immerhin nur ein Faktor, nicht das Ziel selbst. Viel wichtiger bleibt natürlich die Pflege des Diskontogeschäftes, dessen Konzentration die Bank als ihre eigentliche Aufgabe betrachten mußte, eine Aufgabe, die wir bis zur Stunde noch nicht gelöst sehen.

---

§ 9.

Zweckmäßige Reformen im Geschäftsbetriebe der Reichsbank.

Schon im § 1 wurde angedeutet, daß die Reichsbank selbst in ihrer stärksten Seite nämlich im Giroverkehr einen erheblichen Mangel offenbare. Derselbe liegt in der Langsamkeit des Verkehrs,

1) Vgl. Deutsches Bankgesetz §§ 12, 25, 26, 27.

der sich allerdings nur bei den an Reichsbanknebenstellen geleisteten Zahlungen fühlbar macht. Aber, wenn man bedenkt, daß an vielen nicht unwichtigen Handelsplätzen außerhalb Preußens[1]) die Bank nur durch solche vertreten ist, so wird man es doch — um uns sogleich eines Beispieles zu bedienen — für einen erheblichen Mißstand erklären, daß unter den gegenwärtigen Verhältnissen eine Giroeinzahlung von Plauen nach Berlin oder von Würzburg nach Bamberg zwei volle Tage unterwegs bleiben muß. Die Reichsbank expediert nämlich die ihr aufgegebenen Zahlungsmandate nur mit der Abendpost und hat daneben die den Verkehr sehr verzögernde Bestimmung getroffen, daß Einzahlungen, die an Nebenstellen geleistet sind, nicht direkt, sondern nur durch Vermittelung der übergeordneten Stelle an ihren Bestimmungsort geleitet werden. Es entsteht dadurch zunächst für die Girokunden ein erheblicher[2]) Zinsverlust, sodann häufig große Verlegenheit, da man mit diesen Übelständen nicht immer im voraus zu rechnen pflegt; und es ist begreiflich, daß gerade dort, wo es sich um bedeutende Transaktionen handelt, die Benutzung der Post in Verbindung mit den Assekuranzgesellschaften zweckdienlicher erscheint, indem man lieber die hohen Portospesen trägt, als den noch mehr

1) Dieser Staat ist besser bedacht, weil hier die Bank die zahlreichen Filialen ihrer Vorgängerin übernahm.

2) Gesetzt, wir müßten 100000 Mark an eine auswärtige Handelsfirma vergüten und wohnten an einem Platze, der nur eine Reichsbanknebenstelle hat. Der zweitägige Zinsverlust à $4^{1}/_{2}$ % — und es ist dieses wohl der niedrigste Zinsfuß, den wir unter Voraussetzung des Kontokorrentverkehrs zugrunde legen können — beträgt 25 Mark. — Bei der Versendung durch die Post erwächst uns nur ein eintägiger Zinsverlust, der sich auf 12,50 Mark beziffert. Hierzu treten sodann die Versicherungskosten der Sendung, in der Regel 7 Pfg. pro 1000 Mark, also im vorliegenden Falle 7 Mark. Für Portokosten dürfte etwa 1 Mark anzusetzen sein, wobei die Benutzung zweier Einschreibebriefe (unter Berücksichtigung der Frankatur des Separataviſes) vorausgesetzt ist. Es stehen also den 25 Mark auf der einen Seite nämlich im Falle der Giroüberweisung nur 20,50 Mark Postspesen gegenüber, weshalb man in dieser Lage auf die Vermittlung der Reichsbank verzichtet.

Kosten verursachenden Zinsverlust des Girotransferts. Ist es einmal unerläßlich, daß das Mandat der Nebenstelle durch die Stelle sanktioniert werde, so sollte man sich wenigstens bei größern Beträgen zu einer beschleunigten Expedition entschließen und nicht gar zu sehr die innere Schwerfälligkeit den Handel entgelten lassen. Eine Einrichtung ähnlich dem im § 2 erwähnten Akkreditivsystem Bayerns wäre ein ganz bedeutender Fortschritt, würde der Bank bei ihrer umfangreichen lokalen Entwickelung ein beträchtliches zinsfreies Kapital zuführen und läßt sich zweifellos zur Ausführung bringen, wenn auch anfänglich hier etwas engere Grenzen gezogen werden müßten. Man denke nur, eine wie erhebliche Verringerung des Geldumlaufes sich ferner ergeben würde, falls man Zahlungen an jede beliebige Firma auf 230 und mehr deutschen Plätzen bei der Reichsbank leisten könnte. Das einzige Bedenken, man dürfe den Beamten an den Nebenstellen ein solches Vertrauen nicht beimessen, um durch sie Akkreditive auf gut Glück ausstellen zu lassen, führt uns zu einem weiteren Reformvorschlage.

Die Bank lasse sich überhaupt an Nebenstellen nur durch Bankiers vertreten, folge auch in diesem Punkte dem Vorbilde der süddeutschen Intelligenz, die sich allerdings bei der Direktion der Reichsbank keiner sonderlichen Hochachtung zu erfreuen schien. Erst in neurer Zeit hat man — wie wir hören — davon Abstand genommen, die Direktorenstellen in Süddeutschland ausschließlich mit Preußen zu besetzen. Wofern sich die Bank, wie gesagt, namentlich an mittleren und kleinern Orten durch Bankiers vertreten läßt, wird ihr alsbald ein siegreicher Platz in der deutschen Handelswelt gewonnen werden, und sie wird sich rühmen dürfen, auch den kleinen Handel zu stützen, was bei ihrer Vorgängerin, der Preußischen Bank, so anerkennend hervorgehoben wurde. Zuverlässige und ehrliche Bankfirmen sind in Deutschland aller Orten zu finden, und die Reichsbank hat es vermöge ihrer langen Praxis und ihres erschöpfenden Auskunftsregisters [1]) leicht, die richtigen ausfindig zu machen. Auf dieser Grundlage allein ist der Bank ein günstiges Prognostikon für das Endziel zu stellen. Ohne Schwierigkeiten wird sie hier Herrin des Geschäftes, und es kommt spielend leicht zu dem von Wagner bis jetzt leider immer nur geahnten „einheitlichen deutschen Kreditmarkt“. Man muß eben dem Publikum die Sache nicht zn schwer machen; sonst will es von der Bank lieber gar nichts wissen. Das ebenso gewissenhafte und zuverlässige als meist ungeschickt und rein mechanisch arbeitende Beamtentum der Reichsbank an den kleinen Plätzen, welches oft schriftliche Gesuche verlangt, ehe es Wechsel von neuen Kunden diskontiert, muß bei seiner völligen Unkenntnis der Kreditverhältnisse vorsichtig Erkundigungen einziehen und erschöpft sich in formellen Vorschriften, die für einen Geschäftsmann mittleren Stiles eine unerträgliche Last sind und füglich nur von einem Bankier gefordert werden dürften. Wir gestehen, unsre Vorschläge bilden eine einschneidende Maßregel gegenüber den bisherigen Prinzipien der Bank; aber es führt kein andres sicheres Mittel zum Ziele. Man verpflichtet den Bankier, den offiziellen Diskontosatz der Bank in seinem Geschäftslokale durch einen für jedermann sichtbaren Anschlag bekannt zu machen und zu demselben zu diskontieren. Die gekauften Wechsel reicht er mit seinem Giro versehen bei der übergeordneten Stelle ein, deren Instruktionen er überhaupt in allen Punkten zu folgen hat. Gerade die bessere Geschäftswelt kann man nur dadurch an sich heranziehen, daß man ihr nahe rückt und diejenigen Rücksichten entgegenbringt, auf welche sie einen gerechten Anspruch hat. Es gibt, wie uns bekannt ist, sehr „feine“ Firmen der Warenbranche, welche bei der Reichsbank nicht diskon-

1) Es ist in der Praxis bekannt, daß die Reichsbank sich mit großer Geschicklichkeit über die Kreditverhältnisse der mit ihr verkehrenden und ihr auch fernstehenden Handelsfirmen zu unterrichten weiß. Ihre Auskünfte tragen den Vorzug einer besonderen Zuverlässigkeit an sich, stehen aber den mit ihr verkehrenden Firmen nur ausnahmsweise zu gebote.

tieren, weil sie dort wegen jeder falsch entwerteten Stempelmarke denunziert zu werden fürchten, eine zwar irrtümliche, aber aus dem schematisch steifen Geschäftsgange der Bank mit Recht gezogene Konsequenz.

Schwer vereinigen läßt sich allerdings unsre Darlegung mit der von Ströll [1]) aufgestellten Behauptung, daß die Stellung der Reichsbank in allen Teilen Deutschlands als gleichmäßig befestigt betrachtet werden könne. Wir müssen diese Ansicht als völlig unzutreffend bezeichnen und dies um so mehr, als Ströll selbst für diese Thatsache keinen Beweis anführt. Unsres Erachtens spricht gegen dieselbe die Natur der Verhältnisse selbst; wofern wir uns darüber klar sind, daß man unter der befestigten Stellung einer Zentralbank deren herrschenden Platz auf dem Geldmarkte zu verstehen habe, ist dies leicht ersichtlich. Denn es widerspricht der täglich wahrnehmbaren Praxis, zu behaupten, daß die Reichsbank in Süddeutschland, wo sie mit einer mächtigen Konkurrenz, von welcher sie zumeist völlig aus dem Felde geschlagen wird, zu rechnen hat, den Geldmarkt ebenso beherrsche als beispielsweise in den östlichen Provinzen Preußens, wo sie freilich den „Zauberstab“ des Kredites unangefochten schwingt.

Gegen die vielfach laut gewordene Behauptung, es hätte die von uns gerügte Steifheit der deutschen Reichsbank bei der Preußischen Bank trotz gleicher Organisation sich nicht geltend gemacht, woraus man vielleicht ein offenbares Argument gegen unsre Ausführungen zu entnehmen sich berechtigt halten dürfte, spricht schon die Thatsache, daß man sich im preußischen Staate bis zum Jahre 1875 trotz wiederholter Anregung nicht zur Beseitigung der lokalen Zettelbanken entschloß. Sehr charakteristisch ist in dieser Hinsicht namentlich das Ergebnis der mit dieser Frage im Jahre 1858 beschäftigten Kommission des preußischen Abgeordnetenhauses [2]), wobei

1) Moritz Ströll „Über Gegenwart und Zukunft des deutschen Notenbankwesens“ in dem erwähnten Separatabdruck S. 75.

2) Poschinger, Bankgeschichte Preußens Bd. 3 S. 90 u. 91.

zu beachten ist, daß jene Beratung in eine Zeit fällt, zu welcher sich die Zentralbank bereits eines unbeschränkten Rechtes der Notenemmission [1]) erfreute.

Natürlich wird sich im Falle einer Vertretung durch Bankiers auch manches technische Hilfsmittel finden lassen, welches die Geschäftsausdehnung der Reichsbank in Süddeutschland erweitern kann. Man entschloß sich bereits der süddeutschen Usance gemäß Rimessen schon von 1000 Mark an (gegenüber 3000 Mark in Berlin) zum Privatsatze zu diskontieren. Einem weitern Unterschiede sehr wichtiger Natur, den der süddeutsche Markt mit Rücksicht allein auf den Acceptanten zwischen Bank- und Warenwechseln macht, wird sich die Reichsbank bei einer Vertretung durch Bankiers ebenfalls alsbald anschließen können.

Hat man einmal die richtige Basis gefunden, so wird es auch leicht sein, die Filialen weiter auszudehnen und es namentlich dahin zu bringen, daß man auch die Kraft besitzt, sobald es an der Zeit erscheint, in den Plätzen Bayerns, die nur eine Vertretung der Bayerischen Notenbank haben, Filialen der Reichsbank an deren Stelle zu setzen. In Sachsen wird sich ein ähnlicher Modus anbahnen lassen.

Hier finde nur noch folgender in diesen Zusammenhang passender Gedanke Platz. Wer den Diskontoverkehr Deutschlands kennt, der wird oft das große Mißverhältnis beklagt haben, das sich bei uns für Wechsel auf Nebenplätze bankfähigen gegenüber herausstellt. Diese Abschnitte, deren Einkassierung der Geschäftsmann meist durch Postauftrag, der Bankier, soweit möglich, durch Pariverbindungen bewirkt, sind, da sie nur ganz vereinzelt auch von Zettelbanken angekauft werden, in vielen Fällen ein Gegenstand gewinnsüchtiger Ausbeutung bei der Diskontierung. Bedenkt man, daß es meist kleinere Geschäftsleute sind, die ihre Waren nach Nebenplätzen gegen den heute allgemein üblichen Wechsel ab-

1) Poschinger, Bankgeschichte Preußens Bd. 2 S. 41.

setzen müssen, so darf man hier fast von einem sozialen Übel sprechen, in Erwägung, daß solche Appoints in der Regel mit einem Abzug von 5 bis 6 % Diskonto und ½ bis 1 % Inkasso, d. h. bei 90tägiger Sicht, ca. 8 bis 10 % Zins [1]) bei kürzerer nicht selten 12 % berechnet werden. Dem gegenüber existiert selbstredend kein rechtlicher Anfechtungsgrund; denn auf solche Abschnitte erwächst schon bei der Einziehung durch die Post, wenn sie z. B. auf 100 Mark lauten, ½ % Verlust [2]) und begebbar sind sie ja nicht. Sobald sie den Betrag von 600 Mark übersteigen, übernimmt bekanntlich die Post das Inkasso nicht mehr, so daß alsdann der Willkür noch weniger eine Schranke gesetzt ist.

Was wäre nun einfacher, als daß sich auch hier die Bank ins Mittel legte! Sie kauft jene Wechsel zu einem bestimmten, am besten dem offiziellen Satze und wird sich bei Berechnung einer nur mäßigen Inkassogebühr alsbald eines großen Zuflusses an Rimessen erfreuen. Man sollte vielleicht gar keine Inkassospesen ansetzen, aber etwa 3 bis 5 Tage Zins über den Verfalltag hinaus beanspruchen. Die Schwierigkeiten ließen sich etwa folgendermaßen beseitigen. Es wird mit den Postverwaltungen ein Vertrag abgeschlossen, daß sie jene Abschnitte an ihren Zahlungsorten, wohin sie die Reichsbank (womöglich portofrei) versendet, einkassieren, eventuell protestiert zurücksenden, wie dies ja auch für Private bei Anwendung von Postaufträgen geschieht. Die in einem jeden Bezirk eingegangenen Beträge werden der Bank bei der Direktion desselben, woselbst jene stets, meist sogar durch eine

---

1) Es werden nämlich die Inkassospesen nur nach dem Betrage des Abschnittes berechnet, ohne Rücksicht auf seine Sicht, und sie drücken sich natürlich in den Zinssatz übersetzt um so höher aus, je kürzer die Laufzeit des Wechsels ist. ⅓ % Inkasso erhöht demnach den Zins eines Dreimonatwechsels um 1⅓ %, den eines 30tägigen Wechsels um 4 %.

2) Man muß zu der Postanweisungsgebühr, welche auf Versendung eines der Wechselsumme gleichen Betrages erwächst, stets noch 30 Pfg. hinzurechnen, nämlich Porto für die eingeschriebene Versendung des Wechsels an seinen Zahlungsort.

Stelle vertreten ist, zur Verfügnng gestellt, was sich ohne Schwierigkeiten bei den geordneten Postverhältnissen des Reiches regeln läßt. Verlangt die Post eine prozentuale Entschädigung, so wird man sich auch zu deren Zahlung leicht verstehen können und sie bei der Diskontierung ebenfalls erheben. Auf diese Weise wäre der Geldumlauf musterhaft geregelt und auch insofern die Pflicht der Bank trefflich erfüllt. Weit überwogen würde aber dieser Vorteil dadurch, daß sich nunmehr auch auf den kleinen Handel der segensreiche Schutz der §§ 302 a bis d unsres Strafgesetzbuches erstrecken würde.

Endlich wollen wir hier, wenn auch nur in aller Kürze, andeuten, daß eine Erweiterung der Diskontierung ausländischer Rimessen durchaus erwünscht und vielfach auch für die Bank durch Erzielung eines hohen Zinsertrages sehr vorteilhaft wäre. Eine gesunde Entwickelung gerade dieses Zweiges könnte daneben den Einfluß der Bank in den internationalen Zahlungsverhältnissen erheblich kräftigen und ihr zur Regulierung der Edelmetallströmung ein wirksames und weniger einschneidendes Mittel an die Hand geben, als es die Erhöhung des Zinsfußes ist.

---

§ 10.

Die Verstaatlichung der Deutschen Reichsbank.

Wie bereits in der Einleitung erwähnt, hat sich gemäß § 41 des Bankgesetzes bis zum 1. Januar 1891 auch die Frage zu entscheiden, ob die Bank in ihrer gegenwärtigen Gestalt fortzubestehen habe oder aus der Form einer Aktiengesellschaft in die eines Staatsinstituts umzuwandeln sei. Die Möglichkeit einer Staatsbank wurde bekanntlich schon in den Beratungen des Jahres 1874 diskutiert, fand jedoch wenig Anklang. Es ist nicht uninteressant, daran zu erinnern, daß von allen europäischen Zentralbanken der Gegenwart die russische allein Staatsbank ist, worauf sich die

Vertretung des Bundesrates 1874 stützte, um der in der Reichstagskommission laut werdenden diesbezüglichen Neigung entgegenzuarbeiten. Die Gründe, welche man in unparteiischen Kreisen fortgesetzt gegen ein Staatsinstitut geltend gemacht hat, halten wir bei der gegenwärtigen Lage der Dinge für durchaus unzulänglich. Es handelte sich dabei, wie wir meinen, hauptsächlich um die Befürchtung einer Verquickung der Staats- und Bankinteressen und einer Schwächung des Bankstatuts zu gunsten des Staates in kritischen Zeitpunkten. Wie unbedacht aber die Annahme ist, man könne einer solchen Gefahr durch ausschließliche Beteiligung von Privatkapital vorbeugen, wird jeder begreifen, der in unsrer vorangehenden Darstellung [1]) gesehen, daß die Leitung und Aufsicht, kurz der ganze Geschäftsbetrieb der Bank, bei uns gegenwärtig lediglich in Händen des Staates ruht. Diesem Fehler muß entschieden abgeholfen werden, ohne daß man die Vorteile, die ja ganz unstreitig aus diesen Bestimmungen erwachsen sind und die sich namentlich in dem kräftigen Stande der Bank wiederspiegeln, einbüßen darf. Trifft man hier die nötigen Kautelen, wogegen sich zu Friedenszeiten keinerlei Schwierigkeiten erheben, so steht der Errichtung einer Staatsbank kein genügendes Bedenken entgegen. In Kriegszeiten aber ist auch eine Privatbank gegen Ausbeutung durch den Staat keineswegs gesichert, der nur sein Papiergeld in die Massen zu schleudern braucht, um sich Kredit zu erzwingen.

Beweise dafür bietet neben Österreich auch die Bankgeschichte Englands. Die englische Bank, ein auf Aktienkapital ruhendes Institut, ist noch heute eng mit dem Staatsschuldenwesen verknüpft, indem nämlich der ihr konzessionierte ungedeckte Notenumlauf nach der ihr vom Staate geschuldeten Summe bemessen ist. Viel weitgehender war der Zusammenhang zwischen Staat und Bank in der französischen Kriegszeit [2]), wo die Vorschüsse der Bank an die

1) Vgl. § 8.

2) Gemeint ist der Zeitraum der Napoleonischen Kriege, also etwa 1797—1819.

Regierung zur Papierwährung führten, indem man ihren uneinlösbaren Noten Zwangkurs verlieh.

Auch der Einwand Wagners[1]), daß die Fonds einer privaten Bank völkerrechtlich gesicherter seien wie die einer Staatsbank, dürfte nicht für durchschlagend zu erachten sein, ja sogar hinsichtlich seiner Richtigkeit zu Zweifeln berechtigen. Es ist nicht anzunehmen, daß der siegreiche Feind sich eher ein Gewissen daraus machen wird, eine Reichsbank mit Privatkapital auszuplündern, als eine solche, die nur aus Staatskapital geschaffen ist, wenn ihm sonst kein Hindernis im Wege steht. Sodann wäre es immerhin sehr gewagt, zu behaupten, daß infolge des privaten Charakters unsrer Reichsbank die in ihren Kellern aufgehäuften Goldvorräte, welche ihrer Bestimmung gemäß als Deckung für die zirkulierenden Banknoten einen erheblichen Bestandteil des Nationalkapitals repräsentieren, Eigentum der Bankaktionäre sind. Richtiger dürften vielleicht jene Goldbarren als das den Banknoteninhabern bestellte Pfand zu erachten sein, welches bei einer Staatsbank denselben Charakter trägt wie bei einer Privatbank und beiläufig gegenwärtig die Einschüsse der Anteilseigner, deren Haftung sich natürlich nur bis zum Betrage ihrer Aktie erstreckt, nahezu um das fünffache übersteigt.

In der bereits mehrfach citierten Arbeit von Moritz Ströll[2]) findet sich der folgende Einwand gegen die Verstaatlichung der Reichsbank erhoben, den wir wörtlich wiederzugeben uns erlauben: „Gegen eine verstaatlichte Reichsbank, deren Grundvermögen aus Reichsmitteln gebildet wird, befürchten wir das Andrängen von allerlei unheilvollen Ansprüchen und Einflüssen. Wir haben mit dieser Bemerkung namentlich jene unklaren sozialpolitischen und agrarischen Bestrebungen im Auge, welche in der bisherigen Reichsbank eine den Interessen des beweglichen Großkapitals einseitig gewidmete Anstalt erblicken und bei künftigen Veränderungen die

---

1) Die Zettelbankreform im Deutschen Reiche S. 150.
2) a. a. O. S. 85.

Einrichtung derart getroffen wissen wollen, daß die mittels Ausgabe fiktiver Wertzeichen geleistete staatliche Hilfe nicht bloß den Vertretern des Kapitalismus, sondern auch dem Grundbesitze und dem kleinen Mann — dem Bauern, Handwerker, Arbeiter — zu gute kommt ...." Diese auf den ersten Blick so überzeugend erscheinenden Ausführungen dürften bei sorgfältiger Betrachtung sich wohl kaum als stichhaltig erweisen. Denn die Vertreter sozialistischer Tendenzen, welche die von der Reichsbank ausgehenden Vorteile auch den kleinen Mann genießen lassen wollen, dürften schwerlich Anstand nehmen, wofern sie das numerische Übergewicht für sich haben, der Reichsbank auch und gerade in ihrer gegenwärtigen Gestalt eine Geschäftssphäre nach sozialistischen Anschauungen vorzuschreiben. Zweifellos unterliegt ein Institut, welches der Leitung des Reiches unterstellt ist, auch der staatlichen Gesetzgebung, und die geheiligte Schranke des (an der Bank beteiligten) Privateigentums dürfte kaum als ein Hindernis zu betrachten sein; denn über dieses setzt man sich in sozialistischen Kreisen sehr unbekümmert hinweg. Umgekehrt aber läßt sich behaupten, daß der Widerstand gegen solche Bestrebungen, die allerdings der ökonomischen Lage Deutschlands die größten Gefahren bereiten können, viel kräftiger sein wird, wenn die Opposition sich nicht auf die Vertreter des Großkapitals und wenige einsichtsvolle Männer beschränkt, wie dies bei der Organisation der Reichsbank als Aktiengesellschaft zu befürchten ist, sondern wenn sich ein jeder sagen muß: »jam tua res agitur«, wofür die Repräsentation der Bank durch den Staat eine sehr schätzenswerte Bürgschaft bietet. Gerade hierin dürfte die sicherste Garantie dafür zu finden sein, daß man in der Verwaltung des Instituts nicht etwa an die Stelle der durch geschichtliche Tradition gelehrten Prinzipien solche setze, welche durch eigennützige Sonderinteressen eingegeben sind.

Ein sehr populärer Einwand gegen die Errichtung einer Staatsbank findet seinen Ausdruck in der Befürchtung, daß der Kredit des Kaufmanns von einem solchen Institut nicht allein nach dessen pekuniären Verhältnissen, sondern möglicherweise viel mehr nach der politischen Gesinnung normiert werden dürfte. Dazu wäre freilich auch bei der bisherigen Organisation unserer Reichsbank die beste Gelegenheit geboten gewesen, ohne daß man ein solches Vorkommnis zu verzeichnen wüßte. Dies sei aber dahin zu erklären, daß die Reichsbank mit einer sehr starken Konkurrenz zu rechnen gehabt und sich dadurch genötigt gesehen habe, jenen Maßstab zur Beurteilung der Kreditwürdigkeit ihrer Kunden in den Hintergrund treten zu lassen. Ganz anders werde sich die Sache bei der Reichsmonopolbank gestalten. Allein hiergegen können — sollte dies wirklich richtig sein — genügende Vorsichtsmaßregeln getroffen werden, namentlich dadurch, daß man ein Bankkuratorium in der früher erwähnten Weise[1]) bildet und ihm einen Einfluß auf den Geschäftsbetrieb selbst zuerkennt; besonders empfehlen dürfte es sich ferner, auch bei der Zusammensetzung des Direktoriums die Volksvertretung oder einen Ausschuß derselben mitwirken zu lassen.

Unstreitig sprechen für die Verstaatlichung so gewichtige positive Gründe, daß man sich deren Erkenntnis gar nicht zu entziehen vermag. In erster Reihe dürfte es der finanzielle Vorteil sein, der im Jahre 1875 bei der Gründung des Instituts kaum zuverlässig zu schätzen war und nicht ohne Grund manchem Mißtrauen begegnete. Daneben schwelgte man damals augenscheinlich immer noch in dem Milliardentaumel und ließ eine solche Bagatelle unbeachtet. Übrigens ist es nicht zu leugnen, daß in jener Zeit das Reich schwerlich unter 4½ % im Wege einer Anleihe die nötigen Kapitalien aufgebracht hätte[2]). Dem entgegen würde man jetzt bei der dem Anscheine nach stetig zunehmenden Flüssigkeit des Geldmarktes leicht zu 3, höchstens 3½ % ein Anlehen kontrahieren können, und es erwüchse somit schon hier ein erheb-

1) Vgl. S. 70.

2) Vgl. Wagner, Zettelbankreform S. 155.

licher Vorteil. Ferner darf man nicht vergessen, daß infolge der Aufhebung einer großen Zahl von Notenkonzessionen sich die Resultate der Bank wahrscheinlich günstiger gestalten werden, wofern die Verwaltung es an den ebenso wünschenswerten als Gewinn verheißenden Änderungen nicht fehlen läßt.

Sodann dürften auch die übrigen reformbedürftigen Punkte unseres Finanzwesens auf kürzestem Wege mit Hilfe einer verstaatlichten Reichsbank in das richtige Geleise geführt werden. Zunächst denken wir dabei an die Beseitigung des Staatspapiergeldes. Wie eigentümlich sich dieses neben den Noten einer Staatsbank mit unbeschränktem Emissionsrechte ausnehmen müßte, liegt auf der Hand. Mit gutem Grunde — dürfen wir aber auch sagen — wird dasselbe von den kultiviertesten Staaten Europas gänzlich gemieden. Die allgemein übliche Verteidigung unseres Papiergeldes, welche ihm die Schattenseiten eines solchen Zahlungsmittels auf Grund dessen abspricht, weil es ja voll und ganz durch die 120 Millionen in Spandau gedeckt sei, klingt zwar sehr schön, ist aber durchaus irrelevant. Man wird in Friedenszeiten nie Anstand nehmen, einen Reichskassenschein, selbst wenn dafür gar keine Deckung vorhanden ist, gemünztem Gelde gleich zu erachten. Erscheint überhaupt für solche Geldzeichen Deckung erforderlich, so gilt das doch selbstredend allein für den Fall eines Krieges[1]). Mit dessen Ausbruch ist aber sofort über jene Millionen vollständig verfügt, da sie thatsächlich und rechtlich die Funktion eines Kriegsschatzes auszufüllen haben.

Es widerlegt sich damit auch der nicht selten vernehmbare Einwand, die Reichskassenscheine seien nur „theoretisch“ nicht existenzberechtigt, in der Praxis fänden diese Zahlungsmittel bei

1) Übrigens können sich selbst in Friedenszeiten bei starkem Papiergeldumlauf im Falle einer ungünstigen Zahlungsbilanz die üblen Folgen einer Zirkulation solcher Wertzeichen geltend machen, und das Publikum wird zweifellos alsdann von seinem nach unserer Gesetzgebung anerkannten Rechte der Annahmeverweigerung Gebrauch machen.

niemandem Anstoß, erfreuten sich vielmehr einer besonderen Vorliebe. Überdies sei der ganze Betrag für das Deutsche Reich ein so winziger, daß man füglich unterlassen dürfte, immerfort die Unzulässigkeit solcher Wertzeichen zu betonen. Wir müssen dem gegenüber wiederholen, daß die Zulässigkeit der Reichskassenscheine nur für Kriegszeiten in Frage kommen kann. Daß aber in solchen der Betrag von 120 Millionen Mark auch für das Deutsche Reich nicht mehr ein winziger sei, beweist der Umstand, daß man sich bei der Begründung des Reichskriegsschatzes ebenfalls mit dieser Summe begnügte.

Es wird daher durchaus ratsam sein, an die Beseitigung dieser Zahlungsmittel zu denken, hingegen die Schranke für das Notenrecht der Reichsbank fallen zu lassen, der ja für ihr Papier die bankmäßige Deckung zur Pflicht gemacht ist. Es würde sich sohin der Einfachheit halber empfehlen, die Bank gegen Verpfändung von unverzinslichen Schuldverschreibungen des Reiches in Höhe von 120 Millionen Mark mit der Einziehung der Reichskassenscheine zu beauftragen, an deren Stelle alsdann Banknoten in gleichen Appoints in Zirkulation zu setzen wären. Die ausgehändigten Obligationen würden als bankmäßige Deckung zu betrachten sein, sollten jedoch aus den Erträgnissen der Bank oder auf andere Weise in jährlichen Quoten amortisiert werden.

Endlich erhebt sich die wichtige Tagesfrage, unser Silber betreffend, worin unbedingt etwas Energisches geschehen muß. Auch hier wird man sich zu Opfern entschließen müssen, wobei der Überschuß der Bankeinkünfte eventuell herhalten wird. Denn, daß die bimetallistischen Bestrebungen Hilfe bringen werden, läßt sich wohl kaum erwarten. Selbst wenn ein internationaler Währungsvertrag zu stande käme, wäre seine praktische Wirksamkeit immerhin sehr zweifelhaft. Es ist einmal die Vorliebe für das Gold zu stark durchgedrungen, als daß nicht ein jeder der verbündeten Staaten vorzugsweise dieses sich zu sichern bemüht sein wird. Und der Kampf um das Gold würde um so heftiger sein, als man sich nur zu klar bewußt sein muß, daß der Wert des Silbers nur ein fingierter ist, nachdem er sich fortgesetzt auf einem tiefern Niveau denn je bewegt hat. Im übrigen unterliegt es auch keinem Zweifel, daß England, ohne welches natürlich ein solcher Vertrag zwecklos wäre, sich nie zu demselben entschließen wird. Denn damit würde es doch wohl, und zwar ohne jedes Interesse für sich, die Nationalschuld Deutschlands und Frankreichs bezahlen helfen oder eigentlich selbst bezahlen. England aber pflegt in diesem Punkte keine Großmut zu üben. Danach ist der praktische Wert aller jener Pläne zu bemessen.

Auch dem Gedanken einer Einschränkung des Goldumlaufes etwa durch Beseitigung der kleinen Goldmünzen natürlich auch im Wege einer internationalen Vereinbarung, um dem Silber ein größeres Zirkulationsgebiet zu schaffen [1]), dürfte kaum eine praktische Bedeutung beizumessen sein. Es läßt sich nämlich gegen diesen Plan namentlich einwenden, daß er eigentlich das Prinzip des Bimetallismus vertrete und — ohne offen Farbe zu bekennen — vielleicht größere Gefahren in sich schließe als jener. Was zunächst den internationalen Charakter des Unternehmens anlangt, so gilt in dieser Beziehung das soeben ausgeführte Bedenken. Niemals wird England sich zu einem derartigen Vertrage verstehen.

Im übrigen läßt sich nicht leugnen, daß der Vorschlag in seiner äußern Gestalt einen sehr wohlgefälligen Eindruck macht, indem es den Anschein hat, als könnten wir durch ihn ohne Verlust unsrer Goldwährung zu einer gedeihlichen Nutzbarmachung des Silbers übergehen und dem Reiche einen schweren Verlust ersparen. Allein setzen wir den Fall, es würde ohne Schädigung des Verkehrs möglich sein, die 10- durch 20-Markstücke zu ersetzen, so werden wir bei den Erfahrungen über den Silberkurs höchstwahrscheinlich die Silbermünzen von vornherein als Scheidemünze

1) Nach Nasse bei Schönberg, Handbuch zur politischen Ökonomie, 2. Aufl., S. 393. — Es wird dieser Plan, welcher in deutschen Zeitungen anonym publiziert wurde, auf das Reichsbankdirektorium zurückgeführt.

ausprägen oder, wenn wir das nicht thäten, alsbald wie momentan ein Zahlungsmittel haben, das sich nur illusorisch als Kurantmünze darstellt. Gäbe es nun eine ungünstige Zahlungsbilanz, so würde das Ausland natürlich stets unsern Goldvorrat in Anspruch nehmen, sich aber selbstverständlich der Annahme von Scheidemünze entziehen. So wäre es denn völlig unvermeidlich, daß wir für gefahrvolle Zeiten bei einem großen Silbervorrate auf diesen beschränkt bleiben würden, während unser Gold, welches jenem seinen eigentlichen Wert verleiht, nach den Häfen des Auslandes segelte. Diese Gefahr ist um so größer, je mehr Silber oder Scheidemünze wir besitzen, und wenn es schon bedenklich war, 5-Markstücke als Scheidemünze auszuprägen, so werden sich bei Anwendung jenes Systems alle Nachteile zeigen, die eine zu starke Benutzung von Scheidemünze nach geschichtlicher Wahrnehmung zur Folge hat. Sodann sei bemerkt, daß bei Befolgung des hier bekämpften Gedankens der gewöhnliche Verkehr fast ausschließlich mit Scheidemünze operieren müßte, was auch durchaus verwerflich ist.

Nach Nasses[1]) Schätzung dürften sich in Deutschland Silberthaler im Betrage von ca. 450 bis 470 Millionen Mark im Umlauf befinden. Berücksichtigt man, daß ein sehr erheblicher Teil dieser Silbermenge in dem Reservoir der Reichsbank ruht, so dürfte deren Stand in den Wochenausweisen vielfach glänzender erscheinen als er ist, und wir können nicht nachdrücklich genug den oft ausgesprochenen Wunsch betonen, daß die Direktion bei der Publikation der Bankausweise Silber- und Goldvorräte getrennt angebe, damit man hierüber endlich einen klaren Blick gewinne und die stete Ungewißheit beseitigt werde. Die Metallvorräte der aufzuhebenden Banken, welche bekanntlich ganz überwiegend aus Gold bestehen, wird sich die Bank wohlweislich zu sichern haben.

1) Nasse, Das Geld- und Münzwesen bei Schönberg a. a. O. Bd. 1 S. 381.

Man spricht gegenwärtig viel von einer überseeischen Bank, für deren Entstehung jedoch nicht die geringste Gewißheit vorhanden ist. Die Gründe, welche man für ein solches Institut angeführt, sind, soweit sie die Begünstigung unsres Handels betreffen, allein schon sehr schwerwiegend und lassen die Realisierung des Gedankens durchaus wünschenswert erscheinen, womöglich in Verbindung mit der Verstaatlichung der Reichsbank in Form eines gemeinschaftlichen Instituts. Sollte sich namentlich bei Anbahnung reger Handelsverbindungen mit China auch für deutsches Silber ohne Umschmelzung durch Einführung der Markwährung als internationales Zahlungsmittel eine Abzugsquelle bieten, so wird man sich vielleicht dieses Planes ernster annehmen. Näher auf diesen Punkt einzugehen, scheint uns hier nicht am Platze zu sein. Um ihn richtig beurteilen zu können, bedarf es offenbar einer genauen Kenntnis des Geldmarktes in den Silberwährungsländern, wofür es uns an Orientierungsquellen momentan fehlt. Aber immerhin wird dieser Gedanke einen gewissen Grad von Beachtung verdienen, da er, wenngleich unter etwas andern Verhältnissen, erfolgreich von einem modernen Handelsstaate, der als solcher bedeutend ist, durchgeführt wurde, nämlich von dem Königreiche der Niederlande gegenüber seinen Kolonieen [1]).

1) Vgl. Nasse bei Schönberg a. a. O. S. 383.

www.ingramcontent.com/pod-product-compliance
Lightning Source LLC
LaVergne TN
LVHW081341011026
849161LV00013BB/2975